KB262737

생의 의문에서
그 해결까지

생의 의문에서
그 해결까지

생의 의문에서
그 해결까지

광덕 지음

불광출판사

인간은 편력자인가 봅니다. 마음의 평화, 안정 그리고 행복을 찾아서 끝없는 길을 가는 길손인가 봅니다. 그 사이에 거짓을 만나고는 참을 찾고, 허무를 만나고는 실다움을 찾고, 불안을 만나고는 안정을 찾고, 고통을 만나고는 편안을 찾게 됩니다. 또 이렇게 찾아 헤매는 사이 이웃과 만나고, 자연과 만나고, 사회를 만나고, 겨레를 만나며 국가 제도나 세계 조류를 만나기도 합니다. 운명적인 위협도 만납니다. 거기서 도전하고 타협하고 때로는 패배하고 주저하고 좌절도, 절망도 합니다.

의욕적 전진과 꿈이 있는가 하면 적응과 수용과 타협과 노예적 굴종도 있습니다. 이런 것들을 만나 선택하고 행동하는 그 바탕에는 언제나 '나'라는 생명 의식이 있고, 살아야겠다는 의지가 있고, 안정과 평화를 향한 생의 빛깔이 있고, 역동적으로 움직이고 번창해 나가는 생명의 맥박이 있습니다.

이것들이 이웃, 자연, 사회를 만나서 적응과 도전을 반복합니다. 그에게 주어진 생활조건이나 사회제도나 자연환경까지도 한동안 겪어 보고는 또 다른 변혁을 향하여 그를 버리고 떠나갑니다.

그래서 인간은 끝을 모르는 편력자일 수밖에 없습니다. 인간의 이와 같은 끝없는 방황은 언제 가서야 쉴 날이 있겠습니까? 그것은 인간이 스스로의 내적 공허를 충족시켰을 때 비로소 멈출 수 있을 것이라 생각합니다. 인간은 끊임없는 욕망을 통하여 내면의 공허와 허위에서 탈피하고자 발버둥치고 있는 것입니다. 이렇게 인간이 꿈을 좇고 욕망을 좇아서 끊임없이 내어닫는 그 사이, 왕성하게 활동한 젊음은 늙고 병들어 가고 한편으로는 욕망과 꿈, 의지도 버리지 못한 채 그 몸은 사라져가고 맙니다. 죽음이라는 유한함 속에서 꿈을 좇아 버둥대는 삶이란 성공도 실패도 모두 물거품 위에 던져진 황홀한 그림자일 뿐입니다.

여기에서 눈뜰 때 인간은 삶의 의미를 더욱 심각하게 묻게 됩니다. 나는 무엇인가? 무엇을 위해 사는가? 욕망과 물질 추구에 시달리고 그 도구가 되다가 마는 것인가? 필경 나에게 남는 것이 무엇이란 말인가? 나에게 복종을 요구하는 정의·도덕·권위 그런 것이 다 무엇이란 말인가? 참으로 생명과 맞바꿀 수 있는 진리란 있는 것인가? 그것이 무엇인가? … 하고 많은 의문이 우리 가슴에서 솟아오르는 것입니다.

이것은 한낱 소년시절의 계절병만은 아닙니다. 순간순간 쫓기는 듯 하루하루를 지내며 변화와 모험과 망각 속으로 회피하려 해도, 결코 회피되지 않는 생의 뿌리에서 묻는 근원적 질문입니다.

그리고 급기야는 인생의 해가 저물 무렵, 텅 빈 가슴에 돌이킬 수 없는 회한을 남겨 두고 어둠 깔린 나그네 앞에 적막이 깃들게 됩니다. 어떤 화려한 명분으로 호도하고 회피하려 해도 그러면 그럴수록 고개를 들고 "나는 무엇이냐? 삶의 보람이란 무엇인가?" 하고 소리쳐 오는 것을 금할 길이 없습니다. 끝없는 길을 나선 나그네는 그 가슴의 울음을 달랠 길 없어 허무를 안고 끝없이 울고 갑니다.

이것 역시 스스로의 생명 깊은 곳에서 채우지 못한 공허가 깔려 있는 것을 보는 것입니다. 내가 무엇이냐? 이 문제의 해명 없이는 울 수도 웃을 수도 없습니다. 이런 문제의 해답을 얻지 못하고서 다만 물량적 획득이나 관능적 충족으로 내닫는 인간의 삶이 어떤 것인가를 알게 합니다. 끝없는 욕망의 도구가 되고 자극과 향락과 망각으로 가슴의 불안에서 도피하고자 하는 물질주의, 관능주의가 인간 생명에게 무엇을 가져다 주는가를 알게 합니다.

부처님은 이런 인간 실상을 꿰뚫어 보셨고 친히 그 곤욕의 늪에 빠져 보셨습니다. 필경 어쩔 수 없는 죽음의 강물에서 헤어나고자 몸부림쳤습니다. 사랑하는 아내, 아들 그리고 부모님과 조국, 중생 그 모두를 위해서도 나의 생명의 뿌리인 한 물건을 찾고자 왕궁을 뛰쳐나왔습니다.

그리고서 필경에는 참 자기와 만나고 불멸의 진리의 문을 우리 앞에 열어 주셨습니다. 이 이야기는 괴이한 옛 사람의 이야기가 아닙니다. 우리 한 사람 한 사람의 오늘의 상황이며 문제이며 절실한 과제가 아닐 수 없습니다. 그런대로 우리는 살고 있습니다마는 살아가는 한 걸음 한 걸음이 참으로 잘 사는 것이어야 합니다. 불안한 삶, 허무한 삶, 죽음의 길일 수는 없습니다.

참으로 사는 길은 살아가는 모두에게 무엇보다 앞선 가장 절실한 과제가 아닐 수 없습니다. 죽음이 앞에 닥친 노인의 과업이 아니라 왕성하게 꿈을 좇아 활동하는 젊은이에게 더욱 절실합니다. 그보다도 인간이 산다는 것을 의식할 때부터 그 첫걸음이 사는 길이어야 하며 될 수만 있다면 삶의 원초적 출발부터 참된 삶에 대한 자각과 길이 주어져야 합니다.

부처님은 인간의 참모습, 존재의 참모습, 모든 존재의 근원적 실체, 절대적·주체적 진리, 생명의 실체를 우리에게 열어 보이고 그 진리 안에 들어가도록 이끌어 주셨습니다. 눈앞에 환한 불을 켜고 "이것을 보라" 하듯이 명백하게 들어 보이셨습니다.

이것을 우리는 불교라고 합니다. 그러기에 불교는 사는 길이고 삶이 무엇인가를 밝히는 길이며 삶에 참된 의미를 주고 삶의 보람과 그 완성을 지향한 생명의 진리입니다. 생명 있는 자, 생명의 보람과 빛을 찾는 자라면 불교를 외면할 수 없습니다. 불교는 필경 생명의 길이고 일체를 세우며 허망을 깨뜨리고 진리가 지닌 무한의 위덕을 회복하는 길이기 때문입니다. 인종의 차별에도 시대의 변천에도 문화의 차이에도 상관없이, 그 모든 생명을 성숙시키고 그 생명이 설 역사와 국토를 밝히는 근본 진리입니다.

인간의 인간 자신에 대한 회의는 이것이 어둠에서 벗어나고자 하는 최초의 빛입니다. 거기에서 학문을 찾고 성현도 찾고 종교와도 만납니다. 필자는 이런 사람들을 만나고 이야기하면서 이분들을 이끌어 주는 안내자가 절실하다는 것을 느꼈습니다.

또 불교를 만나고서도 그 넓은 가르침의 바다에서 오히려 길을 잃고 헤매는 분을 만났고 이분들에게도 길잡이가 절실하다는 것을 느꼈습니다. 그래서 이분들과의 대화의 연장으로 쓰여진 것이 이 책입니다.

그러므로 여기에는 깊은 학문의 전개가 없습니다. 실지 생활의 벗이 될 것이 준비되어 있습니다. 처음 진리의 길을 묻고 있는 분이나 처음 불교를 알고자 하고, 수행하고자 하시는 분에게 저로서는 친절한 벗이 되고자 합니다.

한 가지 죄송스럽고 망설여지는 것은 부족하고, 의구심에 완전하게 미치지 못하는 점이 있을 것이라는 점입니다. 이 점은 책을 가까이 하시는 분들과 현명하신 선지식에 의해서 꾸지람 받고 보완되기를 바라고 있습니다.

불기 2525(1981)년 11월 1일

광덕 적음

차
례

● 머리말 · 4

제1장 **인간**

제5장 수행

인간

사람은 참으로 귀하다.
아무렇게나 태어났거나
오발탄처럼 잘못 태어난 것이
결코 아니다.
스스로도 돕고 남도 도우며 세간에
이로움을 준 선근공덕으로
이 몸을 얻은 것이다.
큰 희망을 약속받고
큰 성취의 가능성을 안고 태어난 우리들,
부처님의 진리를 깨달을 수 있다는 것은
인간이 가진 가장 강한 특권이다.

●

사람이 사람된 의의는 무엇입니까?

사람이 되었다는 것은 그 뜻이 단순하지는 않습니다. 사람이란 범부의 경우 미혹의 결과로써 과보로 얻어진 것이라 보겠으나 인간이라는 과보는 큰 성장의 토대가 되는 것이므로 쉽게 얻어진 것이 결코 아닙니다.

첫째는 불보살님의 크신 가호력과 조상의 깊은 관심과 부모님과의 중한 인연과 자신이 기나긴 과거 동안에 선근 공덕을 지은 결과로 이 몸을 얻은 것입니다.

사람 몸은 참으로 귀한 것입니다. 아무렇게나 태어났다거나 타의에 의해 태어났다거나 오발탄처럼 잘못 되어 태어난 것은 결코 아닙니다. 많은 축복을 받고 큰 희망을 약속 받고 큰 성취의 가능성을 안고 크게 성장하기 위하여 태어났습니다. 사람은 들을 수 있고 볼 수 있고 또한 생각할 수 있으며 진리를 깨달을 수 있는 지혜를 가지고 태어났습니다. 많은 일을 하여 스스로도 돕고 남도 도우며 세간에 이로움을 줄 능력을 가지고 태어났습니다.

부처님의 진리를 깨달을 수 있다는 점은 사람이 가진 가장 귀한 특권이라 할 것입니다. 또 사람은 사람으로 태어나면서 원래로 신성하고 존엄한 가치를 스스로 가지고 태어났습니다. 모든 사람이 가진 권위스러운 존엄성은 어떤 경우에도 빼앗기거나 변질될 수 없는 완전성을 지니고 있습니다. 이러한 고귀한 삶이 인생의 참모습이라는 것을 깨달아야 합니다.

그리고 고귀한 가치와 덕성과 능력을 유감없이 발휘함으로써 기쁨과 보람을 누려야 하겠습니다. 또한 자신이 간직한 큰 능력을 더욱 개발하여 보다 참되고 보다 지혜롭고 보다 기쁨이 충만한 창조적인 자신을 이룩해가야 하겠습니다. 사람이 사람된 의의는 진리를 깨달아 보다 빛나게 성장함으로써 복된 인생과 향상된 국토사회를 이룩하는 데 있다 하겠습니다.

●

사람이 사람된 보람을 찾는 바른 길은
어떤 것입니까?

무엇보다 자기 자신을 바로 알아 참된 자신의 충실한 삶을 가꾸어 가는 일입니다. 그러자면 바른 지혜의 가르침을 따라 믿음을 세우고 행을 닦아가야 합니다.

대개의 사람들은 어떤 것이 자기 자신인지를 모르고 있습니다. 육체가 자기 자신이라 하거나 자신의 생각이 참 자기라고 생각하거나 또는 물질이 자신의 근본이라고 생각하거나 혹은 교묘하게 논리로써 다져진 사상 체계를 자신 속에 받아 들여 그것을 자신으로 삼기도 합니다. 때로는 자신은 아주 보잘것없는 죄인이며 공허한 존재로 알고 진리와 가치는 밖에 있는 어떤 권능자에 속해 있다고 아는 사람도 많습니다.

이렇게 하여 자기를 잘못 인정하기도 하고 자기를 죄의 후손인 존재로 천시하기도 하고, 또는 허무한 존재로 보는 견해도 있습니다. 또는 물질을 가치로 삼거나 관능적 향락 속에서 자신을 찾으려는 사람도 있으니 모두가 지혜가 없어 미혹한 탓입니다.

그런 것들은 참 자기가 될 수 없고 진리가 될 수 없습니다. 끊임없이 변하고 끊임없이 흔들리고 조금만 추궁하면 실체가 없는 공허한 것인데 그것을 자신으로 삼을 수는 없는 것입니다. 그것은 무지한 착각된 소견입니다.

더욱이 권능적 절대자를 생각으로 인정하고 그 밑에 노예적 굴종으로 자신을 내맡김으로써 안정과 평화를 얻고자 하는 것은 무지하고 게으르고 나약한 노예성입니다. 그러므로 사람은 바른 진리의 말씀, 지혜의 말씀을 배워야 합니다. 이렇게 보면 인생이 고苦라 하더라도 사람으로 태어나는 것은 보람 있다 하겠습니다. 다만 인생의 바른 길을 모르고 방황하는 것이 문제이지요. 정도를 믿고 닦아간다면 확실히 인생은 보람이 있습니다. 무엇보다 자기 자신을 바로 알아 참된 자신의 충실한 삶을 가꾸어 가는 일입니다. 그러자면 바른 지혜의 가르침을 따라 믿음을 세우고 행을 닦아가야 합니다.

지혜의 눈을 열어 참된 자기를 보고 참된 자기 생명의 질서를 보여 참된 자기 생명의 권위를 되찾아야 합니다. 그리하여 참된 인간의 행복, 인간의 평화, 진리에 의한 인간의 번영을 이루도록 해야 합니다.

그러자면 진리의 말씀으로 진리의 길을 보이고 참된 인간면목을 열어 보인 부처님의 가르침을 닦아야 합니다.

부처님은 인간으로서 성불하여 인간의 참모습을 밝히고 인간의 영광의 길을 열어주셨습니다.

우리의 마음이란 어떤 것입니까?

(현재심現在心, 잠재심潛在心, 각성覺性)

우리의 마음은 우리가 일상 생활에서 경험하는 것과 경험하기 힘든 것의 두 가지 층이 있습니다. 우리가 일상 경험하는 마음은 온갖 욕망이 일어나기도 하고 분노가 타오르기도 하며 어리석은 생각이 오락가락하기도 하고 망망한 생각이 일어났다 꺼지기도 하나 그것들을 잡으려 하면 얻을 수 없는 것입니다. 그러면서도 자기 몸이나 마음의 상태에 따라 온갖 생각이 일어나는가 하면 또는 밖에서 오는 자극이나 충격이나 내지 온갖 경계를 당하여 스스로도 알 수 없는 불길과 같고 물결과도 같고 물거품 같기도 한 온갖 생각이 발동하는 것입니다.

때로는 맑고 냉철한 마음에서 온갖 분별과 관찰과 추리를 하기도 하고 혹은 여러 가지 아름다운 세계를 생각으로 지어서 그 속에 머무름으로써 즐거움에 젖기도 합니다.

우리들이 경험하는 일상 상태는 눈 귀 코 내지 의식 등 감각기관이 작용해 온갖 대상물을 접해 얻기도 하고 또는 경험하고 생각한 것을 깊이 간직했다가 다시 상기하고 불러일으킴으로써 자신의 현재심現在心의 경계로 나타내기도 합니다.

또 한 가지 우리의 일상생활에서 경험할 수 없는 것은 우리의 현재의식 선상에 나타나지 아니한 깊은 마음입니다. 과거의 경험이나 온갖 기억이 간직되고 현재의 경험이 끊임없이 흘러들어 축적되는 이런 깊은 마음을 우리는 쉽게 경험하지는 못합니다. 그러나 평상시의 의식적 사유나 활동의 배후에서 끊임없이 살아 움직이고 있습니다.

위 두 가지를 하늘의 구름으로 비유한다면, 전자는 눈으로 볼 수 있는 여러 가지 구름이고 후자는 형상은 보이지 않아도 구름의 흐름이나 형태를 좌우하는 기류라고 말할 수 있습니다.

우리의 마음은 이상 두 가지를 생각할 수 있으나 그것 외에 또 하나 있습니다. 그것은 우리의 본성인데 각성覺性이라고도 하고 불성佛性이라고도 합니다. 이 본성은 우주와 허공보다 앞서 있고 그 크고 넓기는 헤아릴 수 없어, 우주를 감싼 허공조차도 본성에서 보면 오히려 허공의 한조각 구름이라고 말합니다.

이상 세 가지를 비교해 말하면, 본심은 허공의 태양과 그 광명이고 깊은 마음은 고층 기류며 경험하는 마음은 안개나 구름이라고 비유할 수 있습니다.

안개나 구름은 고층 기상에 절대적 영향을 받으나 태양 앞에는 상황 따라 잠시 있다가는 옮겨가고 또는 없어지고 마는 잠정적이며 허망한 존재에 불과하고, 태양만이 영원히 온 우주를 자신의 빛으로 충만시키고 있는 근본 실질입니다.

　우리는 마땅히 본성을 알아 본성 본연대로 살아야 합니다. 이
것이 참된 인간 회복입니다

참마음

참마음이란 무엇입니까?

참마음이란 본성이라고 하는데, 우리가 인식하는 나[生]고 멸滅하는 마음과는 상관없는 본래 마음입니다.

이 마음은 나고 멸함에 있되 나고 멸하지 아니하고, 크고 작은 데 있되 크고 작은 것이 아니며, 깨끗하고 더러운 것에 있되 깨끗하고 더러운 것에 무관한 마음입니다.

환幻과 같고 꿈과 같고 메아리 같은 삼라만상 현상에 처하되 조금도 동요가 없으며, 일체 있고 없음에 있되 도무지 있고 없음에 상관없는 마음입니다.

이 마음은 경계로 취하거나 마음으로 잡으려 하면 잡지 못하고 놓아서 얻으려 하면 얻지 못합니다. 구하는 마음이 쉴 때 원래 거기에 넘쳐 있는 것을 알게 됩니다.

이 참마음은 앞서 본성이라고 말했습니다. 불성이라고 하고 법성法性이라고도 합니다. 또 진여심眞如心이라고도 합니다.

●

본성과 불성은 어떤 것입니까?

본성이 불성입니다. 불성이 법성입니다. 다른 것이 아닙니다.

우리의 본성은 우리의 것이로되 우리의 것이 아닌 부처님 것이며, 부처님 것이로되 부처님 것이 아닌 법성 진리이며 법성 진리이되 법성 진리 아닌 우리의 본래의 면목입니다. 이 사이에 차별이 없습니다. 선후가 없습니다. 우열이 없습니다.

그러므로 본성은 부처님이며 근원 진리이며 원만·성취·완성자입니다. 이것을 마하반야바라밀이라 합니다. 그리고 우리가 그 주인인 것입니다.

그런데도 범부들은 이 권위스러운 참마음을 바로 쓰기는 커녕 있는 것조차 모르고 있으니 이렇게 모르는 상태가 미혹이고 미혹이 바로 중생의 시작이며 근원적 인간 상실입니다.

●

본성의 면모가 어떤 것인지 특징적인
점을 말씀해 주십시오.

본성은 내 눈이나 머리와 같아서 대상화할 수 없는 절대 주체입니다. 그러므로 어떠한 표현도 본성의 설명이 되지 못합니다.

그러나 우리의 이해를 돕기 위해 말이 될 수 없는 말을 부득이 할 수밖에 없습니다.

혜능 조사는 본성을 깨닫고서 그 감격적인 심정을 이렇게 외쳤습니다.

"어찌 자성이 본래 청정하며,
본래 생멸이 없으며,
본래 동요가 없으며,
본래 스스로가 구족하며,
능히 만법을 냄을 알았으리오."

이 말에서 보는 바와 같이 우리의 본성인 불성은 권능적인 특징이 있습니다.

첫째는 원인 없이 스스로 존재하며 결코 허물 없는 청정자라는 사실입니다.

둘째는 영원하고, 셋째는 변멸이 없으며, 넷째는 원만 구족해 온갖 지혜와 덕성이 원래 갖추어 있고, 다섯째는 무한한 창조의 권능이 갖추어 있다는 점입니다.

이 점은 인간이 진실로 존엄하고 절대의 가치이며 무한의 권위이고 영원한 평화 번영이 본래 약속된 자임을 말해 줍니다.

인간의 본성이 불성이라는 사실을 긍정하지 않는 한, 인간의 신성도, 존엄도, 가치도, 번영도 긍정할 토대가 없게 됩니다.

"중생을 알면 곧 불성을 안다." 하신 조사의 말씀을 다시 새겨, 고귀한 인간의 가치를 지키고 존중하며 그 가치를 발휘하도록 하여야 하겠습니다.

우리가 일상 생활에서 어떤 법을 닦는
것이 불성을 바로 쓰는 것이 됩니까?

먼저 보현행원을 실천하는 것입니다.

첫째는 모든 부처님께 예경하고 일체 중생을 존중하며,

둘째는 부처님의 한량없는 공덕을 찬탄하고 우리의 모든 이웃, 온 중생이 지닌 공덕을 찬탄하며,

셋째는 부처님과 모든 선지식 그리고 모든 중생에게 아낌없이 베풀고 공양하며 또한 부처님 가르침을 여실하게 닦으며,

넷째는 지난 동안 지은 바 모든 허물을 참회하며,

다섯째는 남이 짓는 공덕을 함께 기뻐하며,

여섯째는 모든 선지식에게 설법해 주시기를 청하며,

일곱째는 부처님과 선지식에게 이 세상에 오래 계시기를 청하며,

여덟째는 항상 부처님을 따라 배우며,

아홉째는 항상 중생을 수순하고 받들어 섬기며,

열째는 자기가 지은 모든 공덕을 일체 중생과 보리도에 회향

해 저들이 모두 안락하고 깨달음을 얻게 하는 것입니다.

또 오계를 적극적으로 받들어 실천하는 것이 또한 불성을 바로 내어 쓰는 방법이 됩니다.
그 첫째는 모든 생명을 존중하고 받들며 내지 억압하거나 상해하거나 죽이지 아니하며,
둘째는 모든 이웃에게 항상 아낌없이 베풀어 주고 남의 것은 결코 훔치거나 빼앗지 아니하며,
셋째는 항상 청정행을 하고 결코 삿된 음행을 하지 않으며,
넷째는 항상 진실하고 긍정적이고 적극적인 말을 하고 결코 나쁜 말이나 소극적인 부정적 말을 하지 않으며,
다섯째는 항상 맑고 밝은 마음을 지키고 결코 술을 마시지 않는 것입니다.

또 한 가지 불성 실천 방법이 있으니 그것은 육바라밀을 닦는 것입니다.
첫째는 널리 보시를 행하는 것이고,
둘째는 청정한 계행을 갖는 것이며,
셋째는 어려운 일을 잘 참아 견디는 것이고,
넷째는 힘써 정진하는 것이며,
다섯째는 깊이 선정을 닦는 것이고,
여섯째는 지혜를 이루는 것입니다.

이 여섯 가지 수행이나 다섯 가지 계행이나 열 가지 행원을 닦
더라도 닦는 상이 없는 것이 참으로 불성에 효순하는 수행이 됩
니다.

불자佛子란 어떤 것입니까?

부처님의 자식이며 그 상속자라는 뜻입니다. 우리는 부처님의 가르침을 따라서 보살의 업을 닦습니다.

그래서 부처님 가업을 계승하고 이 땅에 불국토를 이루며 스스로 성불을 향해 정진합니다. 불자는 이렇게 하여 불법이 영원하도록, 세계가 참되고 번영하도록 노력하는 것입니다.

대개 보살계를 받으면 보살이라 하여 특별히 이 사람만을 불자라고 할 때도 있지만, 설사 보살계를 받지 않았더라도 부처님 가르침에 결정적 믿음을 내어 보살도를 닦는 사람은 다 불자입니다.

그뿐만 아니라 부처님은 모든 중생을 두루 자비심으로 섭수, 가호하고 계시며 모든 중생 또한 그 본성이 불성으로서 깨달을 수 있으므로 중생을 모두 불자라고 합니다.

그중에서도 삼귀의계나 오계나 십계나 보살계를 받은 사람은 불법에서 참 생명을 받은 불자이니, 그는 이 땅에서 깨달음을 이루어 모든 소망을 성취하고 중생을 제도해 국토를 성취해 여래 가업을 계승하는 참 불자입니다.

죄란 무엇입니까?

진리에 위배된 행위의 결과로서 고통과 불행이 따르는 것을 말합니다. 대개 죄는 몸과 말과 뜻으로 범하는 것이지만 우리의 참 성품을 가로막고 그 공덕을 손상시키는 번뇌도 죄라 할 수 있습니다. 죄의 본질은 청정한 자성에 순응하지 않는 것이므로 그 행위는 악이 되고 마음을 더럽혀 죄장罪障이 되며 죄보罪報를 받게 됩니다.

대체로 죄에는 행위가 본질적으로 악한 성죄性罪와, 본질적으로 죄악은 아니지만 계율에 위배됨으로써 죄가 되는 차죄遮罪가 있으나 우리는 그 어느 것도 중히 여겨 범하지 말아야 합니다.

죄 가운데 무거운 다섯 가지를 오역죄五逆罪라 합니다. ⑴ 어머니를 죽이고, ⑵ 아버지를 죽이고, ⑶ 아라한을 죽이며, ⑷ 부처님 몸에서 피가 나게 하며, ⑸ 승가의 화합을 깨뜨리는 것 등은 소승의 오역죄라 합니다. 오역죄를 범하면 무간 지옥에 떨어지므로 오역죄를 오무간업五無間業이라 합니다.

또 한 가지 오역죄가 있는데, 그 첫째는 탑이나 절을 허물고 경經이나 존상을 불사르며 삼보를 파괴하거나 남에게 시키거나 그런 행위를 하는 것을 보고 좋아하는 것이고, 둘째는 불법을 비방하는 것이고, 셋째는 스님들이 수행하는 것을 방해하거나 죽이는 것이고, 넷째는 소승 오역죄 중 하나를 범하는 것이고, 다섯째는 업보가 없다고 생각하고 십악十惡을 행하며 그러한 생각을 다른 사람에게 가르치는 것입니다. 이것을 대승의 오역이라 합니다.

이상 죄악은 모두가 자신에게 갖추어진 훌륭한 지혜와 능력을 그릇되게 사용한 것이지만 한편 게을러서 스스로 갖추어진 고귀하고 신성한 능력을 썩혀 버리거나 또한 사회 현실 속에서 보살로서 마땅히 해야 할 일을 하지 않는 행위들도 죄가 된다고 할 것입니다.

이 두 가지는 보살이 지닌 중생 구호의 사명과 사회 정화, 국토 건설의 의무를 저버리는 부작위不作爲에 의한 죄라 할 것입니다.

죄는 본래 자성의 밝음을 가린 것이며 미혹에서 오는 것이며 집착에서 오는 것으로서 그 성격은 어둠이라 하겠습니다. 그렇다면 죄를 범하였더라도 깊이 참회하고 마음과 행을 돌이켜 밝은 자성에 돌아와 적극적으로 선법善法을 행한다면 죄업이 소멸되는 것을 알 수 있습니다.

어둠에서 불을 밝히면 어둠이 없어지는 것과 같습니다.

●

사람에게 운명이 있습니까?

사람의 본성인 법성에는 가히 얻을 것이란 한 물건도 없습니다. 지음[作]도 없고 함[爲]도 없습니다. 인과도 없고 선악도 없습니다. 그러니 운명이라는 숙명적 타성이 있을 리 만무합니다. 그러나 본성을 미혹하게 쓰고 있는 범부에게는 지음도 있고 인과도 있고 선악도 있습니다. 지은 바 행위의 누적인 업도 있고 업의 과보인 업보도 있습니다. 운명이 인간 스스로가 변개시키지 못할 숙명적인 힘을 말하는 것이라면 원래 그런 것은 있을 수 없습니다. 인간 자신 밖에서 작용해 오는 위압적 힘이란 있을 수 없습니다. 왜냐하면 인간의 행위나 인과나 선악은 인간 자신이 지은 것이기 때문입니다.

그러나 범부 인간은 기나긴 미혹의 생을 계속 살면서 그 가운데서 분단된 금생만을 생이라고 의식합니다. 금생이라는 짧고 좁은 면만을 두고 생각하므로 보다 먼 과거의 자신이 지은 행위에 따른 과보를 자신 밖에서 오는 작용으로 잘못 알게 됩니다.

여기에서 짧은 기간에 일시적으로 지은 생각으로 저항할 수 없는 과보로부터의 타성적 힘을 체념으로 받아들이고 그것을 운명이라 말하게 됩니다. 그러나 이런 운명적인 힘이 있기는 하나 운명을 지은 자는 자기 자신입니다. 동시에 현재도 스스로의 지혜로써 선택하고 용기로써 결단해 새로운 운명을 지어갈 주체적 권능을 자기 자신이 가지고 있는 것입니다.

이 점을 안다면 운명은 있되 운명이 우리를 어찌 하지 못하며, 운명 앞에 호령하고 운명에 방향을 주며 새로운 운명을 지어가는 것이 인간임을 알 수 있습니다. 그렇다면 이미 운명이 운명의 구실을 못하게 됩니다. 운명이 이런 것임을 안다면 설사 운명적 사태를 당하더라도 결코 체념하거나 저주하거나 당황할 것이 아닙니다. 원래 갖추어진 불성의 창조적 위력과 권능을 돌이켜 주어진 운명적 여건을 새로운 창조, 정진의 발판으로 삼아야 하겠습니다.

●

사람에게 전생이나 내생이 있습니까?

인간은 본성이 법성이므로 죽는 몸이 아니며 멸하는 몸이 아니며 오고가는 몸이 아닙니다. 따라서 미혹하여 설사 범부가 되어 생사의 모습을 나타내 보이더라도 실제로는 멸해 없어지지 아니하고 그 생이 계속됩니다.

다만 현생 표준으로 보면 나고 죽음이 있지만 나고 죽는 주체인 본성 생명에서 보면 죽지 아니하고, 나고 죽는 동작을 하며 새로운 생을 벌이는 것입니다. 비록 몸의 형태를 바꾸기는 하나 그 생명은 계속된다는 말입니다.

이런 점에서 보면 금생은 전생의 내생이 되고, 전생은 그 전생의 내생이 됩니다. 범부들의 인식 능력이 대개의 경우 금생만을 알며 그나마도 자신이 현재 의식으로 인식이 미치거나 기억하고 있는 한계 내에 국한되므로 인간은 죽으면 그만인가 하는 착각에 빠지게 됩니다.

그러나 위에 말한 바와 같이, 인간의 삶이 그 뿌리가 법성 생명임을 안다면 금생의 죽음으로 생이 그칠 수는 없습니다. 비록 미혹한 상태는 여전하더라도 업의 결과는 계속 받게 되므로 새로운 생은 계속해 받게 됩니다. 혹은 인간이나 천상에 날 때도 있고, 악도나 그 밖의 미로迷路가 될 수도 있습니다. 내생이 있느냐의 의문은 지금 우리의 현생이 전생의 내생임을 안다면 의심의 여지가 없습니다.

또 한 가지 미혹한 범부가 그 생이 내생으로 이어진다는 사실을 알려면, 스스로 삼매에 들어 현생의 수생受生 이전의 깊은 정定에 이르면 인간의 삶이 영원으로 이어지는 것임을 확인할 수 있습니다. 범부로서 이 몸을 버리고 다른 생을 받지 않은 상태를 중유中有라 하고, 또는 식識·식신識神·영靈·혼신魂神이라고도 합니다.

●

지옥 등 악도가 있습니까?

범부가 미혹한 마음을 쓰고 거칠고 대립한 행위를 하여 온전히 법성 진여를 등진 어두운 행위를 하였을 때 당연히 그 어두운 행으로 이루어진 어두운 업의 결과로 고통의 과보를 받게 됩니다.

이와 같이 극단으로 미혹한 행위를 한 결과로써 얻어지는 곳을 악도라 하고, 지옥·아귀·축생 등 세 곳을 말합니다.

인간이 선善 공덕의 결과로 인간이 될 수 있었던 것처럼 악한 업의 결과로 지옥이 있는 것입니다. 지옥에 태어나면 극단의 고통을 받게 됩니다.

지옥도 여러 갈래가 있어서 고통받는 종류를 달리합니다. 8대大 지옥이 있고 각각 16의 소小 지옥이 있으며, 또 극단의 고통이 계속 이어지는 18종의 무간지옥이 있습니다.

이밖에 독립한 지옥이 또 있다고 합니다. 이것들은 모두가 중생의 업에 따라 받게 되고 업의 소멸로 벗어납니다.

삼악도의 자세한 점은 따로 말하겠습니다.

하늘나라가 있습니까?

악행의 과보로 악도가 있듯이 선행의 과보로 선도가 있습니다. 하늘이라 하면 우리 인간계를 표준 삼은 생각으로는 허공계를 생각하지만 꼭 그런 것만은 아닙니다. 원래 온 세계는 비어 있습니다. 그곳에 제각기 업에 따라 자기 세계를 건립하는 것입니다.

대체로 하늘을 세 곳으로 분류합니다. 욕계천欲界天·색계천色界天·무색계천無色界天 등입니다.

욕계천은 범부가 보시를 하고 계戒를 가지며 자비행을 많이 했을 때 태어나는 세계로서, 사왕천四王天·도리천忉利天·야마천夜魔天·도솔천兜率天·화락천化樂天·타화자재천他化自在天 등 6천이 있습니다.

색계천은 탐욕심을 없앴을 뿐만 아니라 삼매의 힘을 닦아 태어나게 되는 수승한 하늘로서 18천이 있습니다. 즉 범중천梵衆天, 범보천梵輔天, 대범천大梵天, 소광천小光天, 무량광천無量光天, 극광정천極光淨天, 소정천少淨天, 무량정천無量淨天, 변정천徧淨天, 무운천無雲天, 복생천福生天, 광과천廣果天, 무번천無煩天, 무열천無熱天, 선현천善現天, 선견천善見天, 색구경천色究竟天 등입니다.

무색계에는 4천이 있습니다. 공무변처천空無邊處天, 식무변처천識無邊處天, 무소유처천無所有處天, 비상비비상처천非想非非想處天 등입니다.

색계천의 대범천과 욕계천의 도리천은 사왕천과 합해 범석사왕梵釋四王이라고도 하는데 불법을 수호하는 선신들입니다. 모든 하늘사람들은 위로 올라갈수록 수명도 길고 지혜와 복도 많으며 여러 육체적 기능이 뛰어납니다. 다만 무색계천은 모든 물질을 초월해 있으므로 따로 주처를 가진 바가 없습니다. 또 도리천은 33천이라고도 합니다.

하늘 사람이 하늘을 떠나게 되는 것은 세 가지 사유를 들 수 있습니다.

첫째는 천상의 즐거움에 빠져서 정념定念을 잃는 것이고,

둘째는 성내는 마음을 일으켜 정념을 잃는 것이며,

셋째는 천복이 다 했을 때, 즉 하늘에 태어난 인연이 다했을 때입니다.

하늘은 비록 지혜 있고 복 있고 덕스러운 사람이 태어나는 훌륭한 곳이기는 하나 필경 미혹을 벗어나는 것은 아니며 윤회를 면치 못합니다. 우리는 본성을 깨달아 미혹을 없애 생사윤회에 걸림 없는 본래의 자기를 회복하도록 힘써야 합니다.

불국토는 어떤 것입니까?

부처님이 머무르시고 부처님이 교화하시는 국토를 말합니다. 불국, 불세계, 불찰佛刹이라고도 합니다. 부처님은 진리 자체이므로 그 세계도 영원하고 원만합니다. 그래서 상적광토常寂光土라고 합니다.

또 부처님이 원을 세워 오랜 겁을 두고 수행해 완성한 국토가 있으니 이것은 부처님의 실보토實報土입니다. 부처님의 보토가 어떠한가에 대해서는 『법화경』과 『유마경』에 말씀하고 있습니다. 완전 무결한 원만 국토입니다. 아미타불의 국토는 극락세계이며 극락세계 장엄에 대해서는 『아미타경』에 자세합니다.

우리가 살고 있는 이 세계는 우리 업에 의해 이루어진 세계지만 한편 부처님이 교화하시는 국토이므로 불국토라고도 할 수 있습니다. 이곳에는 아라한이나 많은 보살이 함께 머무르고 불사를 짓고 있습니다.

불국토에는 변멸이 없습니다. 온갖 즐거움이 충만하고 온갖 법문이 항상 설해지며 모든 중생이 깨달음을 이룩해 해탈할 분들입니다. 우리는 하루속히 깨달음의 문을 열어 부처님의 원만한 보토報土를 보고 법문을 들으며 나아가 본성 국토를 실현해야 합니다.

●

인생의 필경 목표는 어떠한 것이어야 합니까?

시장한 사람에겐 음식이 귀하고 병자에게는 약이 귀하며, 어두운 땅에서는 밝음이 귀하고 무지의 세계에는 지혜가 귀한 것입니다. 우리 인간은 고난도 있고 즐거움도 있으나 어느 것이나 상대적일 뿐이며 순간순간 변해 절대적인 것은 없으니 인간은 불안 속에 있다 하겠습니다. 부귀영화를 구해도 안전한 것이 아니며 건강을 얻어도 죽지 않는 것이 아니며 권세를 얻어도 만족한 것이 못 됩니다.

그 이유인즉 참된 자기 생명 스스로가 인정되지 않고 스스로가 서야 할 바른 땅을 얻지 못했기 때문입니다. 부귀도 권세도 영화도 건강도 올바른 정신을 가진 사람에게 필요하듯 인생에서 참으로 필요한 것은 부귀나 권세에 앞서 바른 지혜의 눈을 여는 것입니다. 인간은 미혹해 참 생명의 진리를 모르므로 그것 때문에 죽음도 고통도 불안도 파괴도 있는 것입니다.

그러므로 인생의 마지막 목표는 자기 본성을 확연히 깨치는

것이며 동시에 자기 본성에 갖추어진 원래의 큰 덕성과 능력을
여지없이 마음껏 발휘하는 것이며, 자신과 자신의 환경과 국토에
진리 본연의 평화와 번영을 구현하는 것이라 합니다.

간추려 말하면, 참된 자기의 회복이며 그 실현이라 할 것입니다.
우리는 이 목표를 향해 모든 노력을 계속해야 하며, 가치란 이와 같
은 목표를 달성하거나 달성하는 데 도움이 되는 데서 구해야 합니
다. 이것은 인간이 영원히 추구할 길이며 필경 목표인 것입니다

인간은 누가 만든 것입니까?

우리는 부모님에게서 몸을 받고 부모님은 조부모님에게서 몸을 받고 조부모님은 아득하게 먼 조상에게서 몸을 받은 것을 압니다.

그러나 우리가 보는 것은 육체인 걸 형상뿐입니다.

부모님의 몸을 빌어 태어난 우리들이 부모에게서 빌은 것은 오직 육체뿐입니다. 부모에게 기탁하여 육체를 빌고 성장한 그 주체자인 '나'라는 주인공은 부모가 만들어준 것이 아닙니다.

'나'라는 자의식은 따로 있고 그것이 인연 따라 부모에게 의지하고 거기서 육체를 공급 받아서 마침내 '나'라는 개체로 성장하고 출생한 것입니다. '나'라는 개성을 가지고 특징 있는 나의 신체를 구성한 원인자는 바로 나 자신의 자의식입니다.

이 '나'라는 자의식은 자성을 미혹한 망심의 한 형태입니다. 망심이 인연 따라 부모를 만나고 인간으로 출생하였습니다. 그렇다면 인간의 겉모습은 신체이지만 속모습은 망심 형태입니다. 이것을 세간에서는 영혼이라 부릅니다.

망심은 누가 만든 것이 아니고 스스로 본성을 미혹하여 착각을 일으켜 집착하고 또는 반발하여 망동을 계속하므로 이루어진 망동 행위의 축적이며 결정체입니다. 그래서 과거 기나긴 동안에 미혹한 행위의 결과로서 오늘의 망심 형태가 이루어짐을 알겠습니다.

오늘의 인간을 누가 만들었느냐고 묻는 것은 어리석은 질문입니다. 심술궂은 권능자라도 있어서 제멋대로 인간을 만들어냈다 하면 항의라도 하고 책임 전가를 하거나 어쩌면 인간 스스로의 원천적 무능 앞에 절망하여야 할지도 모릅니다.

그러나 실로는 자기 자신이 자기의 조물주입니다. 자기를 만들 권능이 자신에게 주어져 있고 자신을 참되게 가꿀 책임이 자신에게 주어져 있는 것입니다.

다음에는 이 망심이 어떻게 해서 이루어진 것인가 과정을 알아 볼 차례입니다. 이미 거듭 말한 바와 같이 우리의 본성은 각성覺性이며 진리입니다.

그 체성은 비어서[空] 무한이며 영원하며 원만합니다. 옮겨가지 아니하고 항상 밝으며, 그 작용은 지극히 신령하여 다함이 없습니다. 넓고 커서 끝이 없고 깊고 깊어서 밑이 없어 허공으로도 비유하지 못합니다. 그리고 무진장한 창조 권능을 스스로 지니고 있습니다.

이것이 진리의 원모습이며 인간의 참모습이고 참마음입니다. 동시에 만유의 근원이기도 합니다. 다시 말하면 인간과 우주 이전의 근원 진리이며 인간과 우주의 근원이 똑같은 각성 진리라는 말입니다.

이 밝은 진리 성품은 어떤 한계가 없듯이 자기 규정이나 주착住着도 초월하였습니다. 그래서 인연 따라 일체 사事를 이루게 됩니다.

그러나 이 밝은 진리 성품은, 밝은 자성 경계를 보게 될 때 이것이 최초 무명이 되는 것입니다. 경계를 보고 경계를 인정할 때 인연이 발생하여 마음이 미세하게 움직이게 되니 이 움직인 상태를 아뢰야식이라 합니다.

이 식이 움직이면 안으로는 청정하고 밝은 본성을 가리게 되고 밖으로는 온갖 현상을 발생하게 됩니다. 다시 말하면, 묘하기 이를 데 없는 지극히 신령한 참 성품이 무명을 일으키고, 여기서 마음이 움직여 온갖 경계에 휘둘려 본래의 밝은 본성을 잃게 되는 것입니다.

본성을 잃으므로 망념된 자기에 집착하고, 경계를 대하매 좋고 나쁘고 친하고 싫은 것이 있게 되며, 좋고 친한 것은 취하고 밉고 싫은 것은 버리게 되어 분별 망동이 더욱 더욱 반복되게 됩니다.

이렇게 되어 무변 허공과 같은 본성이 인간 형태를 갖게 되니 그 인간은 지극히 영묘한 본성을 아직도 다분히 간직하고 있는 중생이 됩니다. 그것은 바로 하늘사람입니다.

이와 같이 몸을 받은 것이 중생인데 그 본성을 잊었기 때문입니다. 중생들은 거듭 경계에 집착하고 감각에 매달림으로써 성품이 더욱 어두워지고 그 품격이 둔탁하게 됨에 따라 인간이라는 보다 낮은 중생으로 바뀌는 것입니다.

인간들도 또한 망견에 사로잡혀 향락에 빠지고 물질에 탐착하여 그 마음이 거칠어짐에 따라 다시 하급 중생으로 타락하게도 되고 보다 맑고 밝은 마음을 닦아 하늘에 나기도 하여 돌고 도는 윤회의 길을 걷게 됩니다.

이것을 돌이켜 보면 사람마다 천진 성품이 원래로 진리 본성 그대로이지만 인연 따라 그 마음이 물들어 온갖 국토차별·중생차별·형상차별을 일으키고 있는 것을 알 수 있습니다.

세계창조

●

이 세계는 어떻게 해서 이루어진 것입니까? 누가 있어 만든 것입니까?

누가 있어 만들었는가 묻는다면, 묻는 당신이 바로 만든 자입니다. 딴 사람은 없습니다. 본래 이 세계는 보는 사람의 세계입니다. 진리의 세계에서는 진리와 세계가 둘이 아니며 마음과 경계가 하나입니다. 마음이 비어 한 물건도 없으니 국토가 청정하고 걸림이 없으며, 마음이 어둡고 탁하니 그 경계와 국토가 거칠고 장애가 많게 됩니다. 진리가 본래 청정해 막힘이 없건만 자성 진리를 미혹한 상태에 따라 세계의 차별이 생기게 됩니다.

그러므로 인간이 사는 이 세계도 인간이 지은 미혹 정도에 따른 세계이며 그 경계의 구체적 표현입니다. 그런 까닭에 미혹의 바탕인 마음이 바뀌게 되면 그에게는 이미 이 세상이 아니게 됩니다. 즉시에 새로운 세계를 얻는 것입니다. 여기서 우리는 이 세계가 미혹의 결과로서 그림자처럼 나타난 것임을 알 수 있습니다. 그러면 미혹이 어떻게 해서 세계가 되느냐는 점입니다.

앞서 우리는 인간이 어떻게 만들어졌는가를 생각하는 과정에서 본래 밝은 우리 마음이 스스로 밝은 경계를 인정함으로써 무명이 일어나고 아뢰야식을 이루는 것을 보았습니다. 그리고 그것이 중생의 근원이고 세계의 근원이라는 점도 살핀 바 있습니다.

인간이 아뢰야식의 끊임없는 흔들림으로 말미암아 이루어진 것처럼 세계도 또한 그러합니다. 아뢰야식이 생기므로 우리의 본래 밝은 성품을 가려 두 가지 경계를 나타냅니다. 그 하나는 아무 생각도 일으키지 않는 무기無記와 활발하게 생각을 일으키고 지각 작용을 일으키는 지각知覺입니다.

전자의 무기가 뭉쳐서 물질을 이루며 무정계無情界를 건립합니다. 후자의 지각이 번거로이 일어나 망령된 생각이 동하므로 유정有情 중생이 있게 됩니다. 육체를 형성하는 물질적 요소도 자연계를 형성하는 온갖 물질들도 그 근원은 즉 아뢰야식의 망동한 형태입니다. 지수화풍이 생기고 산하대지를 이루며 천국을 이루고 인간 세계를 만들며 삼악도를 이루는 온갖 물질적 기세간적 요소들이 아무리 확고하게 고정된 듯 보여도 실제로는 한 생각 맑은 마음에서 즉시에 그림자처럼 사라지기도 하는 것입니다.

여기서 특별히 착심할 것은 물질과 세계라는 경계는 외부에 독립해 존재하는 대립적 존재가 아니고 우리 마음의 경계라는 점입니다. 마음에 따라 경계가 나타나고 세계를 이루며 마음이 바뀔 때 경계가 바뀌니 마음은 주인[主]이요, 경계는 종從이라는 점입니다. 경계를 탓할 것이 아니라 마음을 살펴야 한다는 점을 배워야 합니다. 이 세계는 좋든 나쁘든 그 주인이 우리 자신이며 만든 자도 다른 사람이 아닙니다.

우리는 바른 믿음과 바른 지혜로써 끊임없이 수행해 청정 본성을 회복하고 적게는 무쟁無諍 국토를 이루며 나아가 부처님의 무한공덕세계인 법성 국토를 깨달아야 합니다.

인생은 필경 괴로운 것입니까, 즐거운 것입니까?

이에 대해서는 진리에 대한 믿음이나 깨달음에 따라 다르다고 합니다. 진리를 모르는 세간 범부들의 인생은 끊임없이 흔들리고 있습니다. 번뇌가 쉬지 아니해 고통과 불안이 끊일 사이 없고 순간순간이 두려움이며 죽음을 향한 진행입니다.

그런데도 그 사이에서 즐거움을 노래하고 이 세상을 영원하다고 생각하며 마음대로 산다든가 요령껏 산다든가 하는 것은 어리석고 무지한 탓이며 인생의 공허를 외면하고 오히려 절망이 두려워 순간순간의 도피로써 자기를 속이고 있는 것이 그 실상입니다.

그러므로 이런 잘못된 생각으로 온갖 탐욕과 무지한 생을 살고 있는 인간들에게 부처님께서는 인생은 고품라고 갈파하시고 애착을 끊고 번뇌를 쉴 것을 가르치셨습니다.

다음은 부처님의 가르침을 믿고 닦아 가는 사람의 경우입니다. 이 사람은 부처님의 가르침으로 자신을 비춰 보고 잘못된 것을 버리고 바른 것을 더욱 키워 가며 번뇌를 쉬고 지혜와 깨달음을 가꾸어 가는 삶입니다. 이런 사람은 일상생활에 비록 어려움이 있다 하더라도 그 사람은 하루하루가 희망이요 성장입니다. 자신을 둘러싼 환경이 나쁘거나 설사 고난을 당했더라도 자기 마음을 돌이켜 보아 그 원인이 자기 자신에 있는 것을 깨달아 마음과 행을 고쳐갑니다.

따라서 과거에 지었던 나쁜 업은 사라지고 새로운 착한 업을 심어 키워가는 것이며, 지혜와 믿음에 따른 생활을 착실하게 닦아가므로 하루하루 밝은 깨달음이 드러나게 되니 이런 삶은 희망이며 용기며 기쁨이며 감사의 하루하루라고 말할 수 있습니다. 이런 인생은 비록 범부라 하더라도 즐거움이며 보람이라 합니다.

다음에, 부처님의 가르침을 깨달은 사람은 해탈한 사람입니다. 이 세간에 머물렀어도 이 세간 사람이 아닙니다. 깨달은 마음으로 깨달은 경계를 수용하고 있는 것이니 무지와 탐착에 가리운 범부의 눈으로는 그분의 경계를 짐작하지 못합니다. 고에서 고가 아니고 장애에서 장애가 아니며 생멸에서 생멸이 아닌 대해탈을 누리는 분입니다. 영원히 기쁘고 일체에 자재하고 처처에 청정한 큰 공덕을 지니고 이 땅에 진리의 등불이 되고 있는 사람이니, 이런 성인의 경계는 말할 바가 못 된다고 합니다.

인간의 참모습은 진리의 세계입니다. 이것이 현실이며 사실입니다. 이 진리의 현실, 진리의 사실은 우리 인간의 본래 모습입니다. 범부가 되었다고는 하나 착각했을 뿐 일찍이 진리의 참 현실을 손상하거나 잃은 적이 없습니다. 그러므로 진리의 눈으로 보면

인간은 본래 해탈자이며 원만 구족한 행복자이며 무한 창조의 능
력을 갖춘 권능자입니다. 이것이 인간의 영원불변한 본 면목입니
다. 이렇게 믿고 생각하고 행하는 것이 불자의 인생관이며 세계관
입니다.

부처님

부처님은 법성진여 그대로의 몸이시며
부처님은 원래로 대자대비하시므로
짐짓 닦는 상을 보이시며
성불상을 보이시며 또한 세간의 풍파와
고뇌속에 출현하시어 수행도 고행도
열반도 보이신다.
부처님은 법성으로써 빛나는 지혜와
뜨거운 자비가 막힘없이 자약하시며
영원한 태양처럼 자재하시며
영겁으로 오시고 영원히 이 천지
온 중생과 함께하시며
눈부신 불멸의 위신력을 베풀고 계신다.

불교란 무엇입니까?

불교란 깨달음의 가르침이라는 뜻으로 부처님의 가르침이라는 뜻도 있습니다. 우리는 흔히 부처님이 말씀하신 가르침이라고 알고 있으나, 부처님은 모든 사람들과 모든 사회가 모두 함께 진리를 깨달아서 깨달은 사람이 되고 깨달은 사회가 되도록 가르쳤습니다. 그러므로 불교를 깨닫는 가르침이라고 하여도 좋을 것입니다.

우리가 알 수 있는 역사적 부처님은 석가모니 부처님입니다. 그분은 진리를 보시고 진리를 이룩하셨으며 모든 사람이 진리를 깨달아 진리의 주인공이 된다는 것을 밝게 보셨습니다.

석가모니 부처님께서 모든 사람이 미혹하여 고통과 분쟁을 벗어나지 못하고 있는 것을 불쌍히 보시고 모든 사람들이 깨우쳐 진리를 회복하고 진리 본연의 국토를 이룰 것을 가르친 것이 불교입니다.

불교는 하나의 진리를 깨달음으로써 그 사람이 거룩하게 되고 행복하게 되며 진리의 지혜와 능력을 회복하게 하여 밝고 거룩한 창조의 힘을 자유롭게 발휘하게 합니다. 또 불교는 그 가르침이

단체나 사회나 나라에 행해질 때 거기에 평화와 번영이 깃들게 됩니다. 서로 화합하고 존중하며 단결하고 큰 힘을 발휘하므로 보다 높은 발전을 이루게 됩니다. 이렇게 함으로써 불교는 두 가지의 큰 목표를 달성해 갑니다.

첫째는 개인적으로 미혹에서 벗어나 진리인 본성을 회복함으로써 모든 사람들이 신성한 인격을 완성하는 것이고, 둘째는 사회와 국토가 진리를 구현하고 진리를 펴 나아가는 이상사회를 이루는 것입니다. 이것을 불교에서는 중생 성숙, 국토 건설이라 합니다.

부처님이란 무슨 뜻입니까?

부처님이란 깨달으신 어른이란 뜻입니다. 부처님은 근본이 되고 다시 위없는 진리를 깨달으셨으며, 또한 크게 지혜로우시고 대자 대비하시어 모든 사람들을 깨닫게 하십니다. 그래서 모든 사람들에게 진리를 완전 회복한 부처님이 되게 하십니다. 또한 부처님은 깨달은 진리가 완전하시며 깨달음의 행도 완전 구족합니다.

범부들은 지혜의 눈이 없어 진리에 어두우며 따라서 자기 혼자 살아가기도 벅차고 이웃과 대립하여 경쟁하기 바쁘며 또한 그 능력도 갖추지 못하고 그 성격도 삐뚤어져 많은 결함을 나타내고 있습니다.

부처님은 이러한 범부가 가지는 무지와 미혹과 고통과 대립 상태를 완전히 벗어나 진리 자체가 되심으로써 일체 한계와 속박을 벗어나고 일체와 더불어 조화를 이루셨습니다. 부처님은 범어로 '붓다buddha'라고 하는데 한문으로 불타佛陀라고 쓰고 줄여서 불佛이라고 합니다.

●

부처님의 덕성에 대하여 말씀해 주십
시오.

부처님은 근원되는 최상의 진리를 구현하신 어른이므로 진리가
지닌 온갖 덕성을 그대로 갖추고 계십니다.

영원하시고 무한하시고 원만하시고 크신 지혜이시며, 크신 자
비이시고 걸림없는 위신력이시고 일체 성취의 위덕이십니다. 그
하나하나를 설명하기는 어렵습니다.

몸은 32가지 상호와 80가지 뛰어난 특성을 갖추었고 덕성과
뛰어난 지혜 위신력은 10력十力, 4무소외四無所畏, 4무애해四無礙解, 18
불공법十八不共法 등으로 말합니다.

●

부처님의 명칭에 대하여 말씀하여 주십시오

부처님의 거룩하신 지혜와 자비와 그 은덕과 상관해서 여러 가지 존호尊號가 있습니다.

첫째, 십호가 핵심인데 여래如來 이외에, (1) 응공應供 (2) 정변지正偏知 (3) 명행족明行足 (4) 선서善逝 (5) 세간해世間解 (6) 무상사無上士 (7) 조어장부調御丈夫 (8) 천인사天人師 (9) 불佛 (10) 세존世尊 등입니다.

여래는 부처님의 총명總名이고 응공 이하는 부처님의 덕성을 나타낸 덕명德名이라 합니다.

그밖에 또 많은 덕명德名이 있습니다.

(1) 일체지자一切智者 (2) 일체견자一切見者 (3) 지도자知道者 (4) 개도자開道者 (5) 설도자說道者 (6) 세웅世雄 (7) 세안世眼 (8) 세영世英 (9) 천존天尊 (10) 대각존大覺尊 (11) 각왕覺王 (12) 법왕法王 (13) 대도사大導師 (14) 대성인大聖人 (15) 대의왕大醫王 (16) 불천佛天 (17) 불일佛日 (18) 혜일대성존慧日大聖尊 (19) 천중천天中天 (20) 성중성聖中聖 (21) 구세성존救世聖尊 등이며 그밖에도 더 있습니다. 부처님의 뛰어나신 위덕에 상응하는 명호이므로 이렇게 많습니다.

석가모니불

석가모니불은 누구이십니까?

석가모니는 석가족에서 나신 성인이란 뜻이고, 부처님이란 앞에 말한 바와 같이 위 없는 큰 진리를 깨달으시어 진리 자체로 계신 어른이란 뜻입니다. 그러므로 석가모니불은 위없는 큰 진리를 완성하신 때부터의 이름입니다.

석가모니불은 기원전 623년약 2,600년 전 인도에 나신 성인입니다[탄신 연대에 대해 이설이 많음]. 인도 북쪽 히말라야 산 밑에 자리 잡은 가필라국 왕자로 태어나셨으며 아명은 싯달타입니다.

세간의 학문과 기예를 다 배우고 장차 왕위에 오를 태자가 되었으나 인생은 늙고 병들어 마침내 죽으며, 세간에는 대립과 투쟁과 고난이 겹쳐 있는 것을 알고는 생사 없는 평화의 진리를 찾아나섰습니다. 당시의 큰 도인의 지도를 받아서 산중이나 혹은 강가에서 뼈를 깎는 고난을 겪으면서 수행하였습니다. 그래서 저들의 도를 모두 통달하였지만 그것이 생사가 끝긴 위 없는 큰 진리는 아니라는 것을 알고 독자적 방법으로 수행하여 마침내 큰 깨달음을 이룩하였습니다.

위없는 큰 진리를 보고 그것을 체득한 것입니다. 이것을 성불
成佛이라고 하며 이때부터 석가모니불이라 불리게 됩니다. 석가모
니불은 모든 인류와 천상사람들과 그 밖의 중생들을 위해 진리의
가르침을 펴고 저들에게 진리를 회복하는 길을 가르쳤습니다. 그
러하기를 49년을 계속하시다가 서기 전 544년에 열반의 모습을
나투셨습니다[세계불교도우의회 공인 연대에 의함]. 이와 같이 보는 것은 형
상만 보는 입장에서 말한 것입니다.

석가모니불은 부처님이십니다. 원래 생사가 없는 위없는 진
리 자체이십니다. 오고 감이 없고 나고 죽음이 없습니다. 이 세간
에 태어나시고 수도하시고 깨달음을 이룩하시고 또한 설법하시
며 다시 열반에 드셨습니다. 이는 형상 없이는 보지 못하고 논리
가 아니면 이해하지 못하는 중생을 건지고자 하는 대자비심에서
짐짓 범부의 몸을 나투시고 설법 교화를 하셨던 것입니다. 이 도
리를 안다면 부처님은 원래 영원하시며 언제나 뜨거운 자비심으
로 우리를 살피시고 제도해 주시는 것을 알 것입니다.

석가모니불은 진리 자체이십니다. 진리에는 두 진리가 없고,
진리이신 부처님은 두 부처님이 없습니다. 일체 불이 석가모니 부
처님이시고 석가모니불이 지금 현재하시며 설법 교화하시고 일
체 제불로 나투시기도 합니다. 그러므로 불자들은 언제나 석가모
니 부처님의 대자대비하신 위신력을 받고 있는 것을 알며 감사하
는 것입니다.

석가모니 부처님 외에 또 다른 부처님 이 계십니까?

부처님 말씀에 의하면 극락 세계 아미타불이라든가 유리광 세계 약사여래라든가 그밖의 많은 부처님이 계십니다.

그러나 앞서 말한 바와 같이 부처님은 진리 자체이시므로 두 부처님이 있을 수 없습니다. 오직 하나이신 석가모니불이 계시고 그 부처님께서 중생의 근기를 따라 교화 편의상 나투신 것이 여러 국토의 여러 부처님이십니다.

또 위 없는 진리를 깨달으면 부처님이므로 앞으로도 누구나 대각을 이루면 불佛이 됩니다. 미륵보살이 성불하여 미륵불彌勒佛이 되고 마하가섭 존자가 오는 세상에 성불하여 광명여래光明如來가 되며, 수보리 존자가 오는 세상에 성불하여 명상여래明相如來가 되는 것과 같습니다.

부처님은 인격입니까 아니면 진리입니까?

거듭 말한 바와 같이 부처님은 진리 자체이십니다.

법성法性이시며 진여眞如이시며 각성覺性이십니다. 그러므로 부처님의 본체성은 진리라 할 것입니다.

그러나 진리에서 세간에 나투실 때는 인격이십니다. 우리들이 생각하고 우리에게 나투시며 우리를 구호하시는 부처님은 인격으로 나투십니다[보신·화신 등].

왜냐하면 우리들은 형상만을 인식하므로 부처님이 우리에게 나투실 때는 부처님은 인격이라는 말입니다.

그러나 부처님의 본체성은 진리이시고, 끊임없이 우리를 섭수하시고 성숙시키시는 위신력은 진리라는 말입니다. 이렇게 볼 때 범부 입장에서는 부처님은 진리이신 인격이라고 말할 수밖에 없습니다.

그러나 우리들이 부처님을 인격이라고만 안다면 부처님을 잘못 본 것입니다. 인격이라는 한계적 현상에서는 무한 영원 절대의 진리를 볼 수 없기 때문입니다.

삼신불三身佛이란 무엇입니까?

부처님은 신체적 특징으로는 32상과 80종호를 갖추었으며, 뛰어난 능력을 말하면 십력·사무소외 등 비할 데 없는 큰 위덕이 있습니다. 이러한 부처님을 우리는 형상에서만 헤아려서 생각합니다. 그러나 부처님이 그와 같은 뛰어난 모습을 나타내는 근원에는 보다 큰 진리 체성이 있습니다. 그것을 법성, 진여 또는 불성, 각성이라고 합니다.

그래서 부처님을 생각할 때 부처님의 본체성의 몸[法身]과 부처님이 닦아서 이룩하신 덕성의 몸[報身]과 중생을 위하여 나투시는 변화의 몸[化身]의 3가지로 부처님을 말하게 됩니다. 즉 부처님 몸을 말할 때 법신·보신·화신으로 말하는데 이것을 삼신불이라고 합니다

●

법신불이란 무엇입니까?

법신이란 부처님의 현상적인 육체의 근원에 있어 부처님을 부처님이게 한 근거로서의 부처님의 몸을 말합니다.

그것은 법성 진여입니다. 부처님은 법성 진여를 본신으로 삼고 계시므로 이것을 법신이라 합니다.

법신불은 근본불이며 일체 부처님의 진신眞身입니다. 이 법신이 모든 부처님을 불멸의 부처님으로 만듭니다.

법신불은 진여 법성이므로 거기에는 영원 불변과 진실 원만과 보편 평등과 무한 창조의 특성을 원래로 갖추고 있습니다. 부처님의 대자대비도 무애 위신력도 이 법신에 근거하는 것입니다.

그러므로 우리들은 부처님을 생각할 때 부처님은 법신불이시라고 알아야 합니다. 영원 불변하시고 무애 자재하시며 대자대비하심을 믿어야 합니다. 부처님은 오고 가심이 없고 나고 죽음이 없으며 영원한 현재로 계심을 우리는 믿는 것입니다.

3천 년 전에 가신 석가모니 부처님이 아니라, 영원히 현재하시고 어디에서나 우리과 함께하시는 부처님을 믿는 것입니다.

●

보신불은 무엇입니까?

보신불은 부처님께서 보살로서 수행 중에 계실 때에 세운 바 큰 원과 닦으신 큰 행의 결과로서 받게 되는 한량없는 공덕의 몸을 말합니다.

예를 들면, 법장法藏 비구가 중생을 제도하기 위하여 큰 원을 세워서 오랫동안 수행하여 그 결과로 성불하여 아미타불이 되고 극락세계를 완성한 것과 같습니다. 보신불은 큰 지혜와 큰 정定과 대자비심을 본체로 하고, 한량없는 구족한 형상을 갖추고 원만한 덕성을 갖추었습니다. 이러한 보신불의 원만한 공덕의 결과로 스스로도 원만 구족하시며 그의 국토도 또한 청정 원만합니다.

다시 말하면, 보살이 수행할 때에 원만하게 닦았으므로 그 결과 얻어지는 부처님도 공덕 국토도 모두가 완전무결한 원만성을 갖추게 되는 것입니다.

부처님은 이와 같이 수행에 인因이 원만하시어 성취하신 결과도 원만하시므로 원만 보신이라 합니다.

이런 점을 생각한다면 우리들은 수행의 인이 보잘 것 없으므로 결과로써 받는 과보도 또한 보잘 것 없는 것을 알겠습니다.

석가모니 부처님은 원래가 법신이시지만 보살로서 닦으신 인因도 광대무변하므로 그 결과 이룩하신 보신 공덕도 비할 데 없이 원만 청정하십니다.

화신

화신불은 무엇입니까?

응신불應身佛 또는 응화신應化身이라고도 합니다.

중생들이 진리를 깨닫는 선천적 능력이나 성격의 차이에 맞추어 그를 제도하고자 나타난 부처님을 말합니다.

예를 들면 석가모니 부처님의 경우처럼 당신의 본 몸은 진리 몸이시지만 중생을 제도하기 위하여 그 중생들과 그 세계에 알맞는 형상으로 나투시니 그것이 가비라 왕국 탄생이며 설법교화며 열반 시현입니다.

중생의 근기에 맞추어 변화로써 보인 몸이라는 뜻입니다. 화신불은 오고 감이 있고 생멸이 있습니다. 눈물이 있고 웃음이 있고 슬픔을 나투기도 합니다. 32상 80종호를 나투기도 하고 장륙丈六의 몸을 보이기도 합니다.

그러나 이것은 모두가 중생들을 위한 지극하신 자비의 표현입니다.

이상 법신·보신·화신의 서로의 관계를 말하면 하늘에 뜬 달과 달의 빛과 달의 그림자로 비유하기도 합니다.

이것을 일월삼신日月三身이라고 하는데 달은 오직 하나이고 항상 거기 있어 변하지 않는 법신을 비유하고, 달의 빛은 보신의 지혜가 법신 진리에서 흘러 나와 온 세계를 밝게 비추는 것을 비유하며, 달 그림자는 화신의 작용이 중생 근기와 인연을 따라 나타나는 것을 달 그림자가 물에 비친 것에 비유한 것입니다.

옛부터 이르기를 화신이 아무리 자재하고 보신이 아무리 원만하더라도 그것은 진리가 아닙니다. 오직 법신만이 청정하여 한계가 없다고 한 것은 이와 같은 달과 달빛과 달 그림자의 비유에서 이해할 수 있는 것입니다.

석가모니 부처님의 팔상성도八相成道란 무엇인가요?

팔상성도란 석가모니불이 중생을 제도하기 위해 이 세계에 나투신 여덟 가지 모습을 말합니다. 모든 중생에게 해탈할 희망을 갖게 하며 성도成道할 것을 믿게 하는 것이 그 핵심이므로 성도를 중심으로 부처님의 교화 생애를 팔상성도라고 말합니다.

그 첫째는 도솔천에서 내려오시는 모습으로 도솔래의상兜率來儀相입니다. 석가모니불이 정반왕궁에 태어나시기 전 도솔천에 계시며 이름이 호명護明보살로서 이 땅에 태어나시어 중생들의 진리의 눈을 열어 주는 원력으로 인도 가필라국 정반왕의 왕후인 마야 부인에게 기탁하게 됩니다. 마야 부인이 꿈에 하늘에서 장엄한 음악과 함께 코끼리가 내려와 바른쪽 옆구리로 들어왔다는 전생담에서 이것을 말합니다.

둘째는 룸비니 동산에 태어나심인데 비람강생상毘藍降生相입니다. 마야 부인이 친가인 구리성으로 향하던 도중 룸비니 동산에 이르러 잠시 쉬실 때 무우수 나뭇가지를 잡는 순간 홀연히 우협右

脇, 오른쪽 옆구리으로 탄생하셨습니다. 이것이 싯달타 태자의 탄생입니다.

셋째는 사방문을 돌아보고 인간의 삶의 모습을 살핀 것을 말하는데 이것을 사문유관상四門遊觀相이라 합니다.

싯달타 태자가 학문을 배우고 온갖 재주를 배우며 인간의 향락을 맛보고 다시 인간의 고뇌와 죽음과 슬픔을 알게 됩니다. 하루는 성을 나와 성 밖을 유람하다가 동문에서는 늙은이를 만났고, 서문에서는 병자를 만났으며, 남문에서는 장례 지내는 것을 만났으며, 북문에 이르러서는 인간고에서 해탈하는 길을 닦는 수행자를 만나게 됩니다. 여기서 싯달타는 인간은 필경 늙고 괴로워하고 죽고 만다는 현실을 다시 느끼고 불의와 고뇌와 죽음과 허무로부터 벗어날 길을 찾을 것을 결심하게 됩니다.

넷째는 성문을 뛰어 넘어 세속을 떠난 것인데 이것을 유성출가상踰城出家相이라 합니다. 비록 임금이라 하더라도 필경 죽음과 인간고를 벗지 못한다는 것을 사무쳐 본 싯달타 태자는 세간적 욕망과 향락의 늪에서 뛰쳐나와 진리의 길을 향해 성을 뛰어 넘어 나옵니다.

온 성안과 왕궁이 깊은 잠에 잠긴 밤, 싯달타 태자는 부귀도 영화도 왕관도 벗어 던지고 진리의 길로 뛰쳐나온 것입니다. 이 날이 바로 출가일로서 2월 8일로 전해지고 있습니다.

다섯째는 히말라야 산에서 고행하시는 모습인데 이것을 설산수도상雪山修道相이라고 합니다. 싯달타 태자는 성을 나와 히말라

야 산에 이르러 당시의 여러 성자들을 찾아 온갖 고행을 하며 그
들이 가르치는 깊은 선정의 법도 닦았습니다. 극단의 절식을 하여
하루에 곡식 한 알로 견디기도 했으며 호흡을 끊는 고행도 했습
니다.

여섯째는 보리수 아래에서 마군을 항복받고 대각을 이루시는
모습인데 이것을 수하항마상樹下降魔相이라 합니다. 기나긴 고행과
극단의 핍박된 생활이 진리를 향하는 길이 아님을 안 싯달타 태
자는 이제까지의 수행 방법을 버리고 새로운 수행 방법을 개척했
습니다. 목욕을 하고 약간의 음식을 취한 다음 보리수 아래로 나
아가 그곳에서 마지막 용맹정진에 들어갔습니다.

모든 망념을 조복 받고 온갖 마군을 항복 받고 마침내 신기롭
고 자재한 위력이 열렸습니다. 동녘 하늘에 솟아오르는 샛별을 보
는 찰나, 마침내 대각을 이루었습니다. 그날을 성도일이라 하여
우리나라에서는 12월 8일로 알려지고 있습니다.

일곱째는 녹야원에 이르러 법문을 여시는 모습이니 녹원전법
상鹿園轉法相입니다. 대각大覺을 이루신 부처님은 당신과 함께 수행
하다가 헤어져 따로 나가 있는 아약교진여 등 다섯 사람이 있는
녹야원으로 찾아갔습니다. 거기에서 그들 5비구에게 최초로 부처
님의 법문이 열렸습니다.

이때부터 열반에 드시는 49년 동안을 하루도 쉬지 않으시고
법을 설해 미혹을 깨뜨려 중생을 제도하는 거룩한 사업이 계속되
었습니다. 부처님의 법문은 오늘까지도 우리 주변에 생생하게 울

리고 있습니다.

여덟째는 구재라국 사라나무 숲에서 열반에 드심을 보이셨으니 이것을 쌍림열반상雙林涅槃相이라 합니다.

부처님께서는 인연 있는 중생을 모두 건지셨으며 천상과 인간에 부처님의 법문을 가득 남기시어 모든 중생에게 해탈의 인연을 맺어 주시고 나서 중생들의 탐착심을 끊게 하시고자 열반상을 보이셨습니다.

그것은 인도 구재라국 사라나무가 쌍으로 나란히 서 있는 숲에서였습니다. 열반에 드시는 최후 순간까지 법을 설해 중생을 제도하시고 마침내 이 땅 인연을 거두신 것입니다. 부처님은 스스로 말씀하신 바와 같이 실제로는 멸하는 것이 아니었습니다. 출생하시고 출가하시며 설법하시고 열반에 드시는 그 모두가 멸하지 않는 진리에서 흘러나온 대자비의 방편 시현이었습니다.

우리가 보는 형상에는 나고 죽음이 있어도 부처님 자체에는 일찍이 그런 것이 불생불멸 부증불감不生不滅 不增不滅 대자대비일 뿐인 것입니다. 이상 여덟 가지는 부처님 생애의 주요 사건들입니다

그리고 그것은 부처님의 대자대비와 자재하신 위신력과 영원불멸을 우리에게 보여주는 가장 분명한 증명이고 또한 약속임을 알아야 하겠습니다.

부처님의 본생담이란 무엇입니까?

석가모니 부처님께서 기나긴 과거 생에 보살도를 닦으시어 성불의 인(因)을 닦으신 것을 말합니다. 이것은 바른 깨달음을 이루고자 원을 세우며 또한 착한 마음, 착한 행 하나하나가 성불의 종자가 되어 그것이 마침내 꽃이 피고 열매를 맺게 된다는 것을 우리에게 보여 주는 것입니다.

석가모니 부처님께서 과거 생에 그렇게 닦으시어 성불하신 것도 오늘 우리가 마음 쓰고 행동하는 하나하나도 그 모두가 우리의 성불과 직결되어 있다는 것을 말해 줍니다.

●

아미타불은 누구입니까?

아미타불은 무량수불無量壽佛, 무량광불無量光佛이라고 하며 그밖에 여러 이름이 있습니다.

끝없는 수명인 부처님, 끝없는 광명인 부처님이라나 뜻이 있습니다. 극락 세계에서 지금 설법하시며 중생을 제도하고 계십니다. 이 부처님은 과거세 세자재왕불의 가르침을 받은 법장法藏 비구가 2백 10억의 많은 국토에서 가장 훌륭한 나라를 택하여 마침내 이상국으로 실현한 국토가 극락국이고 거기에 성불하신 부처님이 아미타불입니다.

아미타불은 48원을 세워 수행하여 성불하였습니다.

누구나 아미타불을 믿고 일심 염불하면 아미타불의 원력에 힘입어 극락에 태어납니다. 극락에 나면 고통이 없고 법문을 듣고 수행하되 결코 후퇴하는 것이 없고 마침내 성불하게 됩니다.

극락국은 서쪽으로 십만억 국토을 지나서 있다고 하여 서방정토 극락세계라고 합니다. 또 이곳에서 멀지 않다고도 하고 나쁜 생각 삿된 생각을 버리면 곧 극락에 이른다고도 하였으며 또한 청정한 마음이 극락국이고 깨달은 성품이 아미타불이라고도 합니다.

●

약사여래불은 누구십니까?

자세히는 약사유리광여래라고 하며 때로는 대의왕불大醫王佛이라고도 합니다.

아미타불이 서방정토의 부처님이시지만 약사여래는 동방정유리세계東方淨瑠璃世界의 부처님이십니다.

약사여래는 과거에 12대원을 세워 모든 중생의 질병을 치료하고 수명을 늘리며 재난을 소멸하고 의복과 음식이 넉넉하고 다시 바른 행을 닦아 위 없는 깨달음을 이루겠다고 원을 세워 마침내 성불하셨습니다.

우리나라에서 삼존불을 모실 때는 중앙에 석가모니불, 그 우편에 아미타불, 좌편에 약사여래불을 모시는 것이 관례입니다.

보살

보살은 위 없는 깨달음의 진리를 구하고
또한 중생을 이롭게 하여
성불의 길을 가는 사람을 말한다.
실로 보살은 여래성의 구현자이며
본연의 큰 지혜와 큰 자비와 큰 용기를
역사적 현실 위에 나투어
무한창조를 전개하는 자이다.
정녕 우리들이야말로 이 땅위에
생의 진실을 실현할
이 국토를 밝게 열어 갈 보살, 보살이다.

●
보살이란 무엇입니까?

범어로 '보디사트바bodhisattva'인데 우리의 관례는 보리살타라고 하고 있으며 줄여서 보살이라 합니다.

위 없는 깨달음인 진리를 구하고 또한 중생을 이익하게 하며 모든 해탈에 이르는 행을 닦아 성불의 길을 가는 사람을 말합니다.

보살은 깨달음의 지혜를 구하는 자라는 뜻과 깨달음과 중생을 제도하기 위하여 스스로도 향상하고 남도 돕는 행을 하는 점에 특징이 있습니다.

그래서 보살은 재가에도 있고 출가에도 있습니다. 번뇌를 가지고 살면서 보살의 길을 닦는 사람도 있고 번뇌를 모두 끊어 신통력을 갖추고 큰 지혜를 이룬 보살도 있는 것입니다. 또 우리 모두는 실로는 보살입니다.

옛부터 보살이 닦아 나아가는 데에 깨달음의 정도에 따라 계위가 있는데 대개 52위로 세우는 것이 표준입니다.

그렇다면 보살은 첫째로 성불하고 또한 모든 중생을 도와 이로움을 주겠다는 원을 세우는 것이 가장 중요합니다. 이것을 보리심을 발한다고 합니다. 보리심을 발하고 닦아가는 사람은 그것이 세속 생활 가운데에서이든 출가한 생활에서이든 모두가 보살입니다.

많이 닦아 법의 힘을 갖춘 사람도 있고 아직 그와 같지 못한 사람도 있겠지만 그러한 차별에 상관 없이 보리심을 발하여 보살이 되니 자의 공덕은 무엇에 비할 수 없이 크다고 하였습니다.

왜냐하면 저들은 마침내 성불하고 일체 중생을 제도하기 때문입니다. 따라서 보살에게는 항상 부처님께서 가호하시고 성현들이 도와주십니다.

보살도란 무엇입니까?

보살이란 위없는 깨달음을 이루기 위해 닦아가는 길인데 기본적으로 여섯 가지 있습니다. 이것을 육바라밀六波羅蜜이라 합니다.

첫째는 보시布施인데 보시란 아낌없이 베풀어 주는 것입니다. 재물일 때도 있고 부처님의 법문일 때도 있을 것입니다. 중생이 이익이 되는 탐착심을 버리고 베풀어 주는 것입니다.

둘째는 지계持戒인데 청정하게 몸과 마음을 간직하는 것입니다. 나쁜 생각이나 나쁜 행을 하지 않고 착한 행을 힘써 닦으며 모든 중생을 도와 저들이 이롭고 깨달음에 이르는 길로 돕는 것입니다.

셋째는 인욕忍辱인데 안에서 일어나는 감정의 파동이나 욕망을 참아 견디고 또한 밖에서 가해 오는 고통을 참아 받는 것입니다. 미운 마음이나 원한이나 슬픈 마음 없이 괴로움을 받아 견디는 것입니다.

넷째는 정진精進인데 끊임없는 노력과 향상을 뜻합니다. 역경을 당해 실망하거나 좌절하지 않고 또한 순경계를 당해 빠져 있지 않고 끊임없이 무상 진리를 향해 굳세게 앞으로 나아가는 것입니다.

다섯째는 선정禪定인데 마음에서 일어나는 파동이나 밖에서 오는 충격에 마음이 흔들리지 않는 것입니다. 이것은 들뜬 마음이나 지어 먹은 마음이 아니고 깊은 본래의 마음에 안주하는 것을 뜻합니다.

여섯째는 지혜智慧인데 생각이나 분별을 넘어서 본래 성품을 회복해 그 본성의 밝음을 쓰는 것입니다.

이 여섯 가지는 보살이 일상생활에서 닦아가는 기본 덕목입니다. 또 이 여섯 가지 길은 깨달음으로 통하는 길이며 깨달음 자체에서 흘러나오는 거룩한 빛이며 힘이기도 합니다.

그러므로 보살도를 닦으면 보살이 빛나고 공덕이 성장하고 보살이 보살도를 행하므로 인하여 그 세계와 그 시대가 함께 깨달음의 밝은 공덕을 입게 됩니다.

문수보살은 누구입니까?

문수사리文殊師利 또는 만수시리滿殊尸利라고 하는데 줄여서 문수보
살이라고 합니다.

묘덕妙德 또는 묘길상妙吉祥의 뜻이 있습니다. 문수보살은 보현
보살과 함께 짝하여 석가모니 부처님을 왼쪽에서 모시며 지혜를
대표하는 보살이라 일컫습니다.

대개 바른손에 칼을 들거나 여의如意를 잡고 왼손에는 연꽃을
쥐고 있는 형상으로 나툽니다. 또 사자를 타고 있는데 이것은 문
수보살의 대지혜와 대용맹과 큰 위업을 나타낸 것이라 봅니다. 손
에 잡은 칼은 일체 번뇌를 끊는 큰 지혜를 뜻합니다.

문수보살은 석가모니 부처님의 교화를 돕기 위하여 부처님 회
상에 나투시고 많은 설법을 하여 부처님을 돕고 중생을 제도하십
니다.

문수보살의 본신은 용존상불龍尊上佛, 대신불大身佛 또는 신선불神
仙佛이라 하며 일찍이 성불한 부처님이시며 중생교화를 위하여 짐
짓 보살의 몸을 나투시어 모든 부처님 세상과 모든 국토에 자재

하여 몸을 나투십니다.

중국 산서성山西省에 있는 오대산五臺山이 문수보살 상주도량이라고 전해 오고 있으며 우리나라 강원도 오대산도 역시 문수보살 시현도량으로 한국 사람의 두터운 신앙을 모으고 있습니다.

보현보살은 누구십니까?

보현普賢보살은 문수보살과 짝하여 부처님의 오른쪽에서 오시며 부처님의 큰 정定과 큰 행行의 덕을 나타냅니다. 문수보살과 같이 일체 보살의 으뜸이 되어 언제나 부처님의 교화를 돕고 법을 설하여 중생을 제도합니다.

그가 지니신 공덕과 위신력은 가이 없고 보현보살의 열 가지 행원行願은 너무나 유명하며 불자 모두가 외우고 닦는 것입니다.

보현보살의 형상은 대개 손에 연꽃을 쥐고 코끼리에 탄 모습을 볼 수 있으며 때로는 연화좌에 앉은 때도 있습니다. 코끼리는 몸 전체로 움직이고 걸음이 땅 깊이 사무치며 그 거동이 덕스럽고 착실한 데서 보현보살의 큰 지혜와 착실한 덕행을 나타낸 것으로 해석됩니다.

보현보살의 10종 행원은 다음과 같습니다.

첫째 모든 부처님께 예경하며,

둘째 모든 부처님 공덕을 찬탄하며,

셋째 널리 공양을 닦으며,

넷째 이제까지 지은 바 모든 죄업을 참회하며,

다섯째 다른 사람이 짓는 공덕을 함께 기뻐하며,

여섯째 부처님과 선지식에게 설법해 주시기를 청하며,

일곱째 부처님과 선지식께서 세상에 오래 머물기를 청하며,

여덟째 부처님이 닦으신 바 모든 행을 따라 배우며,

아홉째 항상 중생을 수순하며,

열째는 지닌 바 모든 공덕을 일체 중생에게 회향하는 것입니다.

이 행원은 6바라밀과 함께 보살이 닦는 행의 기본이 됩니다.

●

관세음보살은 누구십니까?

관세음觀世音보살은 관자재觀自在, 광세음光世音 또는 관세자재觀世自在라 불리우고 줄여서 관세음보살이라 합니다.

대자대비를 근본 서원으로 하는 보살입니다.

극락세계 아미타불을 왼쪽에서 모시는 극락국의 보살이시나 역시 중생의 고난을 건지기 위해 시방세계에 나타나시고 또한 석가모니 부처님을 도와 많은 설법과 중생 교화를 하십니다.

관세음이란 세간의 음성을 관한다는 뜻이며 관자재란 지혜로 비추어 보매 자재한 위덕을 성취하였다는 뜻입니다. 고난 받는 사람이 관세음보살을 생각하고 일심으로 그 이름을 부르면 관세음보살이 곧 그를 해탈하여 줍니다. 그래서 관세음보살은 중생에게 두려움이 없는 힘을 베풀어 주시는 성자라고 하고 대비성자大悲聖者 또는 구세대사救世大師라고도 합니다.

관세음보살은 다른 불보살과 같이 중생을 제도하기에 알맞은 여러 형상을 나투지만 보살의 형상으로는 손에 연꽃을 잡았거나 또는 감로수 병을 잡고 있고, 흰옷을 입는 것이 보살 현신의 한 특징이기도 합니다.

지장보살은 누구십니까?

지장地藏보살은 석가모니 부처님의 부촉을 받아 부처님이 멸도에 드신 뒤로부터 미륵불이 성불할 때까지 고난받는 중생들을 제도하시는 대자비의 성자이십니다. 특히 죄짓고 고통받는 중생들을 건지되 저들이 지닌 터럭끝만한 공덕이라도 성숙시켜 천상에 나고 극락에 나도록 키우고 인도하십니다.

지장보살은 매일 깊은 선정에 들어 중생의 근기를 관찰하고 저들 하나하나를 모두 제도하는 데 한량없는 분신을 나투십니다. 그러므로 지장보살은 그 형상을 무어라 말할 수 없습니다.

중생이 생활하고 있는 어떤 구석이라도 함께 계시어 거룩한 위신력으로 인도하여 주십니다. 중생 모두에게 진리의 여의주를 지니게 하며 거기서 무한한 공덕을 흘러내어 쓸 것을 가르칩니다.

지장보살의 형상은 머리에 화관을 쓰고 손에 연꽃을 잡기도 하고 때로는 왼손에 연꽃을 쥐고 바른손에 여의주를 들기도 합니다. 오늘날 우리나라 지장보살의 형상은 대개가 비구상이며 손에 보주와 석장錫杖을 잡고 있습니다.

우리도 보살이 될 수 있습니까?

앞서 말한 바와 같이 보살은 보리심을 발한 사람입니다. 즉 성불할 원을 세우고 일체 중생을 제도할 마음을 낸 사람이 보살입니다. 이와 같이 발심한 것만으로 보살의 자격은 갖추어진 것입니다.

자신을 어리석게 느끼든 무능하게 느끼든 악인이라 생각하든 보살 자격엔 상관이 없습니다. 보살은 발심을 기점으로 하여 크나큰 부처님 공덕 세계에 탄생하십니다.

그렇다면 우리 모두는 보살이어야 합니다. 크게 닦지 못할 것을 두려워할 것 없습니다. 한순간의 발심이 귀하고 그 마음을 여의지 않는 것이 소중합니다. 조급하게 서두르고 모나게 뛰어난 것이 보살은 아닙니다.

사홍서원四弘誓願이란 무엇입니까?

네 가지 넓고 큰 원願으로서 모든 보살들이 일으키는 근본 원입니다.

그래서 총원總願이라고도 합니다.

이 네 가지 원이 기초가 되어 많은 보살의 행을 일으키게 됩니다.

첫째는, 모든 중생들을 맹세코 제도하겠다[衆生無邊誓願度].

둘째는, 온갖 번뇌를 맹세코 끊겠다[煩惱無盡誓願斷].

셋째는, 모든 법문을 맹세코 배우겠다[法門無量誓願學].

넷째는, 위 없는 깨달음의 도를 맹세코 이루겠다[佛道無上誓願成]

하는 것입니다. 불자들의 모든 생각과 행도 언제나 이 원을 여의지 말아야 하겠습니다.

제
4
장

교리

부처님의 가르침은 영겁으로
일체 중생의 미망을 깨뜨리는
불멸의 광명이다.
악몽에 시달리는 중생의 몽환병을 고치는
최상의 영약이다.
부처님의 가르침은 중생의 어둠을 세척하여
그의 생명에 끝없는 희망과 환희를 성취시키며,
유한의 범부생활을 무한한 영원으로 바꾸는 것이다.
흙덩어리와 같이 혹은 돌덩어리와 같이
알던 인간을 금강석이나 내지 부처님으로
바꾸어 놓는 것이 바로
부처님의 가르침인 것이다.

●

부처님의 근본된 가르침은 무엇입니까?

부처님은 일체 생명의 근원이며 일체 존재의 참모습인 진리를 깨달으셨습니다. 그래서 부처님은 근원 진리 자체이십니다.

이 진리를 불성佛性 또는 진여眞如라고 합니다. 이 진리는 일체 중생의 진면목眞面目이며 일체 존재의 근원입니다. 그러므로 모든 중생은 이 진리를 깨달아 진리 본연의 참 자기를 회복하여 참된 지혜와 덕성과 권위를 누려야 하는 것입니다.

부처님은 모든 중생이 자기 본성을 깨달을 것을 가르치시고 본성대로의 원만한 위력을 발휘하고 살며 진리 그대로의 평화로운 세계, 화합한 세계, 번영된 세계를 이룰 것을 가르쳤습니다.

그래서 부처님의 가르침을 요약하면, 하나는 모든 중생이 본성을 깨닫는 일이요, 또 하나는 본성인 진리대로 세계를 이루어가는 일이라고 하는 것입니다.

삼보三寶란 무엇입니까?

삼보란 세 가지 보배란 뜻인데 불보와 법보와 승보를 말합니다.

불보는 부처님인데 일체 존재와 일체 생명의 근원된 진리이며, 그 진리를 우리는 진리이신 인격으로 우러릅니다. 그래서 우리들은 부처님이라 말합니다.

또 이 위 없는 진리를 법이라 합니다. 이 진리를 우리들의 성품과 입장과 생활 환경에 따라 배우고 수행하며 닦아가는 생활 방법이 있게 되니 이것이 법문입니다.

법문은 불보살님과 성인들이 설하며 법문에 의하여 우리는 법을 깨닫고 해탈하고 번영된 국토를 만들 수 있으므로 법보라 합니다.

또 이러한 가르침을 성실하게 닦아가며 우리의 시계에 진리의 빛을 비춰 주고 우리들을 바른 길로 인도하여 주시는 분이 보살님과 스님들과 그 모임인데 이분들이 승보입니다.

이와 같이 삼보는 우리 모두를 진리 본분으로 회복시키고 이 세계에 참된 번영과 보람을 가져다 주는 근거이므로 무엇에도 비

할 수 없이 청정하고 위덕이 있고 최상이며 불변이므로 보배라
하는 것입니다.

불자의 신앙은 삼보에 있습니다.

또 삼종삼보三種三寶를 말하기도 하는데 불·법·승을 각각 다
르게 보는 별상삼보別相三寶와 삼보는 본질적으로 일체라고 하는
동체삼보同體三寶와 불법을 후세에 전하기 위한 삼보로서 불상과
경전과 스님을 삼보로 하는 주지삼보住持三寶입니다.

법보

법보란 무엇입니까?

부처님의 진리 자체 또는 진리로 나아가는 방법에 대한 말씀을 법문이라 하는데 우리는 이 법문을 믿고 배우고 닦아서 진리로 들어가며 자기 본분을 회복하고 참된 인간 완성을 하게 됩니다.

이 법문을 법보라 하고 또 법문을 적은 글이나 책도 법보라 합니다. 부처님 법문은 진리에 대한 말씀, 범부로서 진리에 이르는 길과 닦아가는 방법에 대한 말씀 등이 그 중심입니다. 그래서 닦아가는 사람의 소질과 성격과 생활 차이에 따라서 닦아가는 방법이 각각 있습니다.

마치 높은 산에 오를 때 출발처가 다름에 따라 산에 오르는 길이 다른 것과 같습니다.

그래서 고통을 여의고 천상락을 누리게 하는 법문, 생사윤회를 벗어나 해탈에 이르는 법문, 탐착과 집착을 버리고 밝은 지혜를 얻는 법문 내지 마음을 보아 단번에 성불하는 법문 등 여러 가지가 있게 됩니다.

그러나 그 모두는 필경 본성을 깨닫고 자재와 청정을 누리며 모두와 함께 참된 삶의 보람을 이룩하는 데 있습니다.

부처님 법문을 8만 4천 법문이라고 합니다.

이것은 중생의 성격이나 미혹의 상태가 천차만별이므로 부처님 법문도 마치 병에 따라 약을 달리 하듯이 여러 가지가 있게 되어 8만 4천 중생 병에 8만 4천 법문이 있게 된 것을 말합니다.

경에 이르기를 "법보는 금강과 같아서 능히 생사를 부수며 애하愛河를 건너 저 언덕에 이르며 중생에게 온갖 즐거움을 주고 마니주와 같아서 온갖 소망을 채워주고 미혹을 깨뜨려 불도를 이루게 한다" 하였습니다.

승보

●

승보는 무엇입니까?

부처님 법을 배우고 닦는 부처님 제자와 그 모임을 말합니다.

지혜롭고 위덕이 있고 세상 사람들의 의지가 되며 역사를 밝혀가는 빛을 내기 때문에 세간에 없는 보배라 하는 것입니다.

승보는 원래 스님들 단체이나 단체를 형성하는 한 사람 한 사람도 또한 승보입니다. 오늘날 승보는 스님들인데 비구, 비구니, 사미, 사미니의 사중四衆을 승보라고 합니다.

또 승보에는 수행하여 이룬 법력의 정도에 따라 여러 차별이 있습니다. 문수, 보현, 관음, 지장 같은 뛰어난 보살도 있고 사리불, 목건련 같은 대아라한도 있으며 보조 국사, 태고 국사 같은 조사도 있고 조촐하게 계를 지니며 수행하는 범부 스님도 있습니다.

스님들 가운데는 참된 해탈법을 이루지 못하였더라도 믿음이 견고하고 사견이 없으며 정법을 찬탄하고 설사 허물을 범한 때가 있더라도 그때마다 뉘우쳐 새롭게 되어 인과를 믿고 수행하는 사람도 있습니다.

경에 이르기를 이러한 스님을 복전승福田僧이라 하였습니다.

복전승은 삼보를 믿는 힘으로 그 공덕이 일체 중생이나 외도나 제천보다 백천만 배나 수승하다 하였습니다.

마치 천상의 울금화 꽃이 시들었더라도 세간의 어떤 꽃보다 수승한 것에 비유하셨습니다.

우리들은 오늘날 이런 스님들을 많이 만날 수 있습니다.

이런 스님을 섬기고 가르침을 받을어 행함으로써 필경 보소寶所에 이르게 되는 것입니다.

삼법인三法印이란 무엇입니까?

법인이란 부처님 가르침의 근본 규범이 되는 표시라는 뜻인데 이 법인에 맞으면 불법이라고 할 수 있다는 뜻입니다.

첫째는 제행무상인諸行無常印입니다. 모든 현상적인 것은 형상이 있든 형상이 없든 마음에 있든 끊임없이 변하고 바뀐다는 것입니다. 사람은 나고 성장하고 병들고 죽으며 세간 모든 물건도 생기고 한참 머물다가 허물어지며 사람의 생각도 끊임없이 변합니다. 이것은 범부들이 현상 세계에서 영원과 불멸을 구해도 결코 얻어질 수 없다는 명확한 해답입니다.

둘째는 제법무아인諸法無我印입니다. 모든 것은 실체가 없다는 것입니다. 형상이 있는 것은 몇 가지 요소가 결합한 것으로 실체가 없으며 요소라 하는 것들도 그 근본은 허망하며 마음이다 생각이다 하는 우리가 의식하는 세계도 모두가 망념의 그림자일 뿐으로 그 실체는 없는 것입니다.

셋째는 열반적정인涅槃寂靜印입니다. 모든 번뇌가 쉰 자리를 열반이라 하는데 이것은 일체 대립이 없고 모순을 초월해 고요하고 원만하고 청정하다는 것입니다. 모든 존재와 모든 현상이 공허하고 얻을 수 없는 것이나 깨달음의 진리 세계는 영원하며 원만하고 불멸인 진리 실상이라는 것을 말해 줍니다.

첫째의 제행무상인은 우리와 우리를 둘러싼 모든 현상은 끊임없이 흘러가고 변하여 항상된 것이 없다는 가르침인데 이것은 범부들이 현상 세계에서 영원과 불멸을 구해도 결코 얻어질 수 없다는 명확한 해답입니다.

둘째의 제법무아인은 우리를 둘러싼 모든 존재는 실체가 없는 것을 분명히 밝혀 그 사이에서 집착할 수 없고 얻을 것이 없다는 것을 가르쳐 줍니다.

셋째로 열반적정인은 모든 존재와 모든 현상이 공허하고 얻을 수 없는 것이나 깨달음의 진리 세계는 영원하며 원만하고 불멸인 진리 실상이라는 것을 말해 줍니다. 그러므로 위 세 가지 가르침에 어긋나는 이론은 부처님 가르침과 무관하다는 뜻이 됩니다.

사념처四念處란 무엇입니까?

부처님께서 열반에 드실 즈음에 아난 존자가 물었습니다.

"부처님께서 열반에 드신 뒤에는 무엇에 의지하오리까?"

부처님께서는 "사념처에 의지하라."고 하셨습니다.

사념처는 사념주四念住라고도 하는데 몸과 감각과 마음과 법에 있어 마음을 모아 관하는 방법입니다.

그 첫째는, 이 몸은 부정한 것으로 알라는 것인데 관신부정觀身不淨이라 합니다. 이 몸은 끊임없이 변화하며 끊임없이 부정한 것을 흘려내고 온갖 부정물로 이루어져 있으니 애착할 것이 못 됩니다. 그래서 이 법문에서 몸에 대한 애착과 집착을 여의게 됩니다.

둘째는, 감각적인 것은 모두가 고통스러운 것이라 하는데 이것을 관수시고觀受是苦라 합니다. 우리의 감각을 통해 들어오는 모든 것들은 우리 마음을 더럽히고 흔들고 공허하고 쓰리게 합니다. 그래서 이러한 감각적인 것들을 마군魔軍이라고도 합니다. 그것이 설사 잠시의 즐거움이 있는 듯이 보이더라도 실은 스스로 속고 있는 것입니다. 원만한 자기 성품이 손상되고 성품이 가지는 공덕을 도적맞습니다. 그리하여 마침내 괴로움의 씨앗을 남기고 떠납니다.

셋째는, 이 마음은 떳떳함이 없어 끊임없이 변하는 것으로 알라는 것인데 이것을 관심무상觀心無常이라 합니다. 이 마음이란 항상된 듯 보여도 끊임없이 강물처럼 흐르고 있으며 안팎에서 일어나는 조건 따라 바뀌고 있는 것입니다.

넷째는, 모든 존재는 확정적인 아我의 체體가 없는 것으로 알라는 것인데 이것을 관법무아觀法無我라 합니다.

이 네 가지는 범부들이 흔히 갖기 쉬운 잘못된 생각, 즉 이 몸이 청정하다든가 이 세간이 즐겁다든가 이 세간에서 영원한 것을 찾고자 한다든가 아의 본체가 있어 어떤 가치를 구할 만하다든가 하는 잘못된 생각을 깨뜨리고 공부를 바로잡아 주게 됩니다.

요약해서 말하면, 꿈과 같은 환상에 끄달려 거기에 집착하고 거기서 보람을 찾으려 하면 더욱 자기 본성과는 어긋나게 되므로 그러한 몽환 같은 현상 세계나 감각 세계에 사로잡히지 않는 바른 안목을 가질 것을 가르치고 있습니다.

<u>오온</u>

오온五蘊이란 무엇입니까?

다섯 가지 쌓임이라는 뜻입니다. 물질인 색온色蘊과 감각인 수온受蘊과 지각 표상 작용인 상온想蘊과 의지 등 마음작용인 행온行蘊과 마음의 총체인 식온識蘊을 오온이라 합니다. 색온은 물질이고 수·상·행·식온은 대체로 마음의 작용을 말하는 것이므로 오온이란 물질계와 정신계를 통틀어 말하는 것입니다.

우리는 우리의 육체에서 오온을 보며 이것이 자신의 모두인 것으로 알고 있습니다. 그러나 지혜[반야]의 눈에서는 오온은 실로 없는 것입니다. 그래서 지혜의 눈이 열린 사람은 오온에 걸림 없이 자재하여 오온을 근본으로 하여 받게 되는 온갖 고난과 장애에서 벗어나게 됩니다.

『반야심경』 첫머리에 이 점이 말씀되어 있습니다. 따라서 오온에 집착해 살고 있는 생활이 모두가 미망迷妄임을 알게 됩니다.

업業이란 무엇입니까?

업이란 행위, 의지에 의한 심신의 활동, 즉 짓는다는 뜻이 있습니다. 우리는 대개 몸과 말과 뜻의 세 가지로 활동을 합니다. 뜻으로 생각하고 몸으로 활동하거나 말로 표현합니다. 대개는 뜻이 먼저 있고 그에 따른 말이나 행동이 있게 마련입니다. 그러므로 이 세 가지 업을 일으키는 본체를 말한다면 그것은 의지라고 할 것입니다.

우리를 둘러싼 모든 환경 등, 자세히 말하면 내 몸이나 나의 주위 환경이나 나의 성장과 함께 나타나는 온갖 생활 여건들은 그 일차적 원인이 자신의 업에 있다 할 것입니다. 착한 업을 지으면 즐거운 결과가 따르고 악한 업을 지으면 악한 결과를 불러옵니다. 우리 자신과 환경을 만든 주인공이 자기 자신입니다.

우리의 행위는 순간적으로 행위의 끝남과 함께 없어지는 듯 보여도 그것은 보이지 않는 종자로서 성장해 반드시 그 결과를 부르게 됩니다. 우리들이 받는 업을 분류하면 인생에 과보를 받아 인간으로 태어나게 된 업을 인업引業 또는 총보업總報業이라고 하고, 인간계에 태어난 자에게 개개의 개체를 완성시키는 업을 만업

滿業 또는 별보업別報業이라 합니다. 또 산하대지와 같이 서로가 공통하는 과보를 받게 하는 업을 공업共業이라고 하고, 개별 생명 고유의 과보를 부를 업을 불공업不共業이라 합니다. 이 모든 업은 필경 그 행위의 동기가 중요하며 동기에 따라 선악의 업을 짓게 되기 때문입니다.

착한 업을 지으면, 인간계이나 천상에 나기 때문에 그 생활환경이 비교적 자유스럽고 고통이 적지만, 악한 업을 지었을 때는 고통스럽고 장애가 많으며 그로 인해 향상할 좋은 업을 짓기도 어렵게 됩니다. 악업 때문에 일어나는 장애를 업장이라고 하는데 우리는 악업을 짓지 말아야 하며 끊임없이 참회하고 적어도 선업을 짓도록 해야 합니다. 업은 물체의 그림자처럼 업주를 따라 다닙니다. 악도에 떨어져 내지 지옥에 가는 것도 필경 자신이 지은 악업 때문임을 알아야 합니다.

업은 지음이 있는 행위이고 그 행위는 마음의 행위 즉 생각하는 행위입니다. 선업은 선과를 가져오고 악업은 악과를 가져온다면 우리는 마땅히 선이든 악이든 업을 짓지 아니하여 생사윤회를 벗는 것이 요긴한 것을 알겠습니다. 그것은 본성을 보고 본성에 돌아가 지음이 없는 청정행을 하는 데 있다 하겠습니다.

그리고 업을 지으면 그 과보를 업을 지은 현생에 받는 것이 있는데 이것을 순현업順現業이라 하고, 그 생에는 안 받고 다음 생에 받는 업을 순생업順生業이라 하며, 다음 생에도 받지 아니하고 세 번째 이후에 받게 되는 업을 순후업順後業이라고 합니다. 이와 같이 과보를 받을 시기가 정해진 업을 정업定業이라 하고 과보 받을 시기가 정해지지 않은 업을 부정업不定業이라고 합니다. 그러므로 금생에 지은 것을 금생에 받지 않는다고 하여 인과가 없다고 하는 것은 어리석은 생각입니다.

그리고 한 번 지은 업은 과보를 받게 될 때까지는 끊임없이 성장하는 것이므로 우리는 항상 마음을 닦고 밝은 자성을 깨닫도록 노력해야 합니다. 자성을 깨달으면 비록 지은 업이 나타나더라도 깨달은 사람에게는 고통으로 작용하지 않게 됩니다.

육도六道란 무엇입니까?

중생이 지은 바 업을 따라 받게 되는 과보로 태어나는 곳을 분류하면 여섯 가지가 있습니다. 천天, 인간, 아수라, 아귀, 축생, 지옥 등입니다.

천상은 지혜가 밝고 복력이 수승하며 마음 착한 사람이 태어나는 곳으로 대체적으로 3등급이 있습니다. 계행을 닦고 십선十善을 행해 태어나는 욕계천欲界天과 삼매三昧를 닦아 큰 지혜를 성취한 색계천色界天과 생각이 끊인 깊은 삼매에 머무는 무색계천無色界天입니다. 욕계천에는 선업의 차이에 따른 6천이 있으며 색계천에는 정력定力의 차이에 따른 18천이 있으며 무색계천에는 삼매의 차이에 따른 4천이 있습니다.

대체적으로 천상은 착하고 복되며 도력이 있는 성인이 사는 곳입니다. 인간계는 지은 업에 따라 사람의 개성과 태어나는 환경이 각각 다릅니다.

아수라는 하늘에서 쫓겨났으므로 하늘사람 아닌 하늘사람이란 뜻이 있는데 네 가지가 있습니다. 아귀에 태어났던 중생이 불법을 수호한 선행을 한 공덕으로 신통을 얻어서 허공을 자유롭게 다니게 되는 귀신 아수라와, 또 하늘에 있다가 복이 다하여 아수라로 떨어진 사람 아수라와, 기운이 세고 두려움이 없어 싸움을 즐겨하는 하늘 아수라와, 끝으로 바다 속에 있다가 아침에 허공을 날아다니고 저녁에는 다시 바다로 돌아가는 축생 아수라가 있습니다.

아수라는 대체로 성질이 거칠고 싸움을 잘하나 마음을 돌이켜 부처님 법에 귀의하면 훌륭한 호법신장이 되기도 합니다.

아귀는 원래 죽은 사람이라는 뜻이나 사람이 죽어서 다른 데에 태어나지 못하고 귀계鬼界에 떨어져 고통 받는 상태를 말합니다. 극단으로 굶주리고 시장하되 먹을 것이 없고, 먹을 것이 목에 넘어가면 목에서 불이 나고, 물을 마시면 시원한 것이 아니라 도리어 목에서 불길이 솟는다고 하니 고통의 정도를 알 만합니다.

아귀로 태어나는 원인으로는 대개 간탐을 부리고 질투를 일삼는 것이 첫째이고, 사람된 율의律儀를 파하거나 부처님 법을 비방하고 계율을 파하거나 그 밖의 여러 가지 업으로 아귀보를 받게 됩니다.

아귀의 고보苦報가 끝나면 다시 여러 종류의 귀신이 됩니다. 아귀가 비록 업보를 받고 귀신이 되었으나 이들도 업이 다하고 망상을 쉬면 보리를 깨달을 수 있게 됩니다.

축생은 네 발 달린 짐승이나 다리와 깃이 난 날짐승이나 땅을 기어다니는 뱀이나 물에 사는 고기 등 동물들을 가리킵니다. 축생은 어리석어 선악의 분별을 잘하지 못하고 착한 공덕을 짓기 어렵습니다. 축생들은 귀신의 업보가 다해 세간에 태어났으며 또한 빚과 원수를 서로 갚게 됩니다.

또 사람이 축생으로 태어나는 이유는 탐심이 많고 인과를 무시하는 어리석은 행이 첫째 원인이라고 합니다.

지옥은 극단으로 고통이 많은 곳인데 어리석어 정법을 비방하며 부모와 스승에게 불공하고 삼독심을 부려서 태어나게 됩니다. 어둡고 거칠고 탐욕스럽고 우악한 행위를 하면 그 결과를 받게 됩니다.

이상 육도는 착한 일을 권하고자 하는 뜻에서 방편으로 만들어낸 설화가 아닙니다. 인간계가 현존하듯이 업보에 따라 태어나는 세계가 각각 달라 육도가 벌어지는 것입니다. 우리의 본성이 본래 맑고 고요하건만 다만 깨닫지 못함을 말미암아 경계에 집착해 마음이 흔들리고 어지럽게 되니 거기서 업이 생겨나고 업의 차별에 따라 중생 세계가 벌어지는 것입니다.

이러한 육도에서 벗어나는 것은 모름지기 본성의 청정을 깨닫는 길이 첫째라고 합니다. 불교의 온갖 수행이 필경 깨달음을 목표로 삼는 이유가 여기에 있음을 알아야 합니다.

번뇌煩惱란 무엇입니까?

중생이 미혹하여 보게 되는 마음의 파동입니다.

그것은 중생의 몸과 마음을 번거롭게 하고 괴롭게 하여 어렵게 하고 미혹하게 하며 또한 더럽힙니다.

본래 청정하여 일체 대립을 초월한 절대적 본성이 미묘하고 영묘하여 일체를 비추거늘 중생은 미혹하여 스스로 혼란을 일으켜 본래 없는 경계에서 경계를 보고 거기서 좋고 나쁘고, 맞고 안 맞는가를 분별하며, 분별로 인하여 좋은 것은 취하고 나쁜 것은 물리치며 맞는 것은 집착하고 맞지 않는 것은 성을 내니 여기서 더욱 마음은 어지러워지고 탁하게 되어 본성이 지니는 자유와 청정의 공덕과 능력을 잃게 됩니다.

번뇌는 이와 같이 중생이 본래 청정 속에서 살면서 무단히 한 생각 미한 것이 시초가 되어 끝없는 번뇌를 낳게 되고 거기서 속박과 고통을 받게 됩니다.

번뇌는 원래 미혹에서 난 것이며 미혹은 실체가 있는 것이 아니라 사실에 대한 착각이 그 본체입니다. 미혹을 돌려 깨달음에 드는 것이 해탈이 됩니다.

중생은 번뇌로 인하여 업을 일으키고 괴로움을 받게 되어 생사가 거듭되는 미혹 세계를 떠나지 못합니다.

그러므로 번뇌를 끊어 번뇌가 없는 데 이르는 것을, 열반에 이르렀다 하며 이것이 깨달음입니다.

번뇌를 끊는다고 하나 실로는 끊는 것이 아니고 미혹을 돌려 깨달음에 이름으로써 일찍이 번뇌가 없는 것을 알게 되는 것입니다.

●

윤회輪廻는 무엇입니까?

윤회란 나고 죽는 것이 반복되어 수레바퀴처럼 돌아간다는 뜻인데, 중생이 미혹해 번뇌를 일으키고 번뇌로 말미암아 온갖 업을 지은바, 업의 차별에 따라 삼계三界 육도六道에 돌아가며 태어나는 것을 말합니다.

중생이 선업을 지으면 천상에 나고 악업을 지으면 지옥·아귀·축생 등 악도에 태어나고 설사 사람이 되었더라도 우치하고 고통과 장애가 많은 환경을 받게 됩니다. 업을 짓는 것을 쉬지 아니하면 윤회는 끝없이 계속됩니다.

설사 선업을 지어 천상에 나더라도 그 업이 유한하기 때문에 천상락도 유한이며 그 다음 과보를 받게 되니 끝없는 윤회가 계속되고 끝없는 생사가 반복되며 생사 고통이 쉴 날이 없게 됩니다.

삼계는 욕계·색계·무색계를 말하는데 이 모두는 미혹의 결과로 나타나는 현상이며 고통스러운 것이므로 삼계고해三界苦海라고 합니다.

윤회하는 가운데에 지옥·아귀·축생은 특히 고통스럽고 해

탈을 얻기 어려운 중한 업으로 인해 태어나게 되니 이것을 삼악
도라 합니다. 이에 대해 천상 · 인간 · 아수라는 선업으로 인해 태
어나므로 삼선도라 합니다.

삼독三毒이란 무엇입니까?

탐욕 · 성냄 · 우치의 세 가지 번뇌를 말합니다. 삼화三火 또는 삼구三垢라고도 하는데 중생을 해치는 악의 근본이므로 삼불선근三不善根이라고도 합니다. 삼독은 청정 자성을 더럽히고 해칩니다. 원만한 공덕을 손상시키는 큰 도적이기도 합니다.

탐욕심을 버리고 멀리해 청정심을 기르고 성내는 마음을 없애어 고요한 마음을 키우며, 어리석고 어둑한 마음을 없애어 밝은 마음을 키우면 곧 자성의 원만 공덕이 나타나며 온갖 선근이 자라나게 됩니다.

청정한 마음, 평화롭고 자비한 마음, 지혜롭고 밝은 마음이 우리 본래의 마음임을 알아서 삼독심을 멀리해야 합니다.

대개 인간이 지옥에 나고 악도에 떨어지고 고통과 장애가 많고 어리석게 되는 것은 삼독이 원인이며 천상에 나고 지혜와 자유를 얻는 것도 삼독을 멀리한 까닭입니다. 결코 누가 보내거나 끌어당긴 것이 아닙니다.

삼독을 없애고자 경계를 당해 삼독과 대립하면 삼독을 없애기는 힘드는 것이나, 마음을 돌이켜 삼독은 본래 없는 것이고 삼독을 일으킨 경계도 또한 공적空寂한 걸 알아서 이 공적한 마음을 반조返照하면 저절로 삼독이 스러지게 됩니다. 우리는 삼독이 없는 데서 삼독을 제하는 수행을 해야 합니다.

사제법四諦法이란 무엇입니까?

자세히는 사성제四聖諦 또는 사진제四眞諦라고 하며 네 가지 틀림없
는 진리라는 뜻입니다. 사성제는 부처님 가르침의 골격을 말합니
다. 그래서 이것을 가장 수승한 법이라고 하여 최승법설最勝法說이
라 하며 부처님께서 녹야원에서 처음 설법하실 때 하신 가르침입
니다.

사성제의 첫째는, "미혹인 이 세간은 모두가 고苦다." 하는 것
이니 이것이 고성제苦聖諦입니다. 둘째로 "고의 원인은 어디까지나
끝없이 구해 마지않는 애착과 집착이다."라고 하는 것이니 이것
이 집성제集聖諦입니다. 셋째는 "이 애착과 집착을 완전히 없게 한
것이 고가 없는 진실한 경계이다." 하는 것이니 이것을 멸성제滅聖
諦라고 합니다. 넷째는 "이와 같은 고가 없는 경계로 나아가자면
팔정도八正道를 닦아야 한다." 하는 것이니 이것을 도성제道聖諦라고
합니다.

위 사제四諦를 고성제苦聖諦, 고집성제苦集聖諦, 고멸성제苦滅聖諦, 고
멸도성제苦滅道聖諦라고도 하고, 줄여서 고집멸도苦集滅道 사제라고

합니다. 사제 가운데 고와 집은 미망의 세계의 결과와 원인을 밝히고 있으며 멸과 도는 깨달음의 세계의 결과와 원인을 가르치고 있습니다.

이 사제는 우리에게 주신 부처님의 최초의 법문으로서,

첫째는 이 세계와 진리는 어떠한 것인가를 이 법문에서 배워야 하며,

둘째는 이와 같은 가르침에 따라 스스로 닦고 다른 이에게 권해야 하며,

셋째는 우리 모두가 필경 이 진리를 깨달아 미혹도 고통도 없는 진리의 경계를 회복해야 합니다.

팔정도八正道란 무엇입니까?

팔정도八正道, 팔지정도八支正道, 팔성도분八聖道分이라고도 하는데 신성한 여덟 가지의 바른 길이라는 뜻입니다.

부처님께서 최초 설법하시면서 즐거움과 고행의 두 극단을 여원 중도의 수행법을 말씀하셨는데 팔성도는 그 핵심입니다.

첫째는 정견正見인데 불교의 진리를 깨달은 올바른 견해나 사상을 말하는 것으로서 불교 수행의 목적이 되는 것을 말합니다.

둘째는 정사유正思惟인데 정사正思 · 정지正志라고도 하며 마음을 바르게 하는 것을 말합니다.

셋째는 정어正語인데 바른 어업語業, 즉 올바른 말을 하는 것입니다.

넷째는 정업正業인데 신체의 행을 바르게 하는 것입니다.

다섯째는 정명正命인데 바른 생활 또는 생활 방법입니다.

여섯째는 정정진正精進인데 정방편正方便이라고 하고 바른 노력을 말합니다.

일곱째는 정념正念인데 정견이라는 바른 목표를 항상 마음에 머물러 있지 않는 것입니다.

여덟째는 정정正定인데 바른 선정禪定의 생활을 말합니다.

이 팔정도는 중생들을 미혹의 이 언덕에서 깨달음의 저 언덕으로 건네는 힘을 가지고 있으므로 배 또는 뗏목으로 비유해 팔도선八道船 또는 팔벌八筏이라고도 합니다.

연기緣起란 무엇입니까?

이 세간에 있는 모든 존재는 여러 가지 조건에 의해 이루어진 것
이라는 것입니다. 모든 존재는 형상이 있어도 형상을 유지하는 조
건하에 있는 임시적인 것이며 허망한 한 성격을 지니게 됩니다.
조건 여하에 따라서 여러 가지로 변화하고 독립적 존재성이 없으
며 인연을 통해 서로 의존 관계에 있는 것입니다.

이러한 연기의 사상은 불교의 근본적 세계관인데 경전이나 학
파에 따라서 몇 가지 연기론이 있습니다. 십이연기설, 아뢰야阿賴耶
연기설, 법계法界 연기설, 육대六大 연기설 등이 그것입니다.

진여眞如란 무엇입니까?

진여란 사물의 있는 그대로의 모습이며, 진실하고 영원히 변치 않는 진리를 말하는 것인데 일반적으로 만유의 본체를 가리킵니다.

모든 존재의 본성은 대립이 없는 절대적인 것이고 온갖 차별상을 초월해 있으므로 이것을 진여라고 합니다. 이런 점에서 부처님의 법신의 성품을 진여라고 합니다. 또 모든 현상의 실다운 성품을 진여라고 하며, 그 본체성은 하나이나 형상에 따라서 차별이 있게 됩니다. 그렇지만 본체성인 진여는 생각으로도 이론으로도 그릴 수 없고 일체 거짓을 초월한 진실한 진여일 뿐입니다.

이러한 진여는 범부에 있어서는 그 마음의 본체가 진여입니다. 이 진여는 중생의 언어나 생각이 끊긴 것이며 따라서 어떠한 말로도 표현하지 못합니다. 진여는 일체 미혹과 대립이 끊겼고 그 자체에는 한량없는 청정 공덕이 갖추어져 있습니다.

중생의 마음은 원래 절대 부동한 진여이지만 무명으로 인해 마음이 어지럽고 미혹해 인연 따라 혹은 부정하고 혹은 청정한 현상이 있게 됩니다. 일반적으로 일체 존재의 본체가 진여이고 이 진여가 무명과 미혹으로 말미암아 인연 따라 온갖 현상이 나타나게 되는 것을 진여연기라고 합니다.

그렇다면 범부들이 미혹해 온갖 인연에 끄달려 살더라도 본성의 진여를 비춰 보는 지혜를 얻게 되면 저절로 일체 속박에서 해탈하고 일찍이 생멸이 없는 도리를 알게 됩니다.

이 지혜가 반야입니다. 우리는 부처님이 지혜이고, 모든 존재의 근원이 진여이며, 우리 자신의 본성이 진여임을 알아야 합니다. 그리고 이 진여가 가지고 있는 영원하고 청정하고 구족한 온갖 공덕을 항상 바로 드러내도록 정진해야 합니다.

열반

열반涅槃이란 무엇입니까?

원래 적멸寂滅 또는 멸도滅度의 뜻인데 결박에서 벗어난 해탈의 뜻이 있습니다. 원적圓寂이라고도 합니다. 이 말은 불이 다 타 꺼진 상태를 의미합니다. 치성하게 타오르는 번뇌의 불길을 다 태워 없애 청정한 깨달음의 지혜를 완성한 경계를 말합니다. 열반은 미혹의 생사가 있는 세계를 초월한 깨달음의 경계이므로 불교 수행의 궁극적 목적은 열반을 이루는 데 있습니다.

열반은 원래 일체 번뇌가 다한 상태이지만 번뇌가 다하면 거기에 열반이 가지는 무량청정 공덕이 나타나게 됩니다. 소승은 열반을 소극적으로 생각하지만 대승은 열반을 적극적인 것으로 봅니다.

그래서 열반에는 상常·낙樂·아我·정淨의 사덕이 갖추어졌다고 봅니다. 또는 상常·항恒·안安·청정淸淨·불로不老·불사不死·무구無垢·쾌락快樂의 팔미八味를 갖추어 있다고도 합니다. 사람의 본성이 진여일진대 본성은 본래 청정하고 열반의 덕을 갖추고 있습니다. 그래서 성정열반性淨涅槃이라는 말도 있습니다.

진여는 원래 일체 번뇌를 초월하여 있으므로 끊임없이 대자비심으로 중생을 구제하게 됩니다. 그러므로 진여는 열반에도 머물지 않으며 생사에도 머물지 않는 적극적, 행동적 성격을 볼 수 있습니다.

부처님은 원래로 법성이며 진여이십니다. 그러나 대자대비로 중생을 구제하기 위하여 중생이 이해할 수 있는 형상도 나투시고 법도 설합니다. 그리고 중생을 위해 형상적 열반을 나투게도 됩니다. 이것을 방편方便 열반이라고도 합니다.

위에 말한 바와 같이 열반은 번뇌가 다한 청정한 깨달음을 말하는 것이지만 불자들 사회에서는 부처님의 육체적 죽음을 열반이라 하며 또는 스님들의 죽음을 열반에 들었다고도 하고 있습니다. 그러나 실제로는 열반은 성도成道와 같은 뜻임을 알아야 합니다.

열반사덕 涅槃四德 이란 무엇입니까?

사덕은 부처님의 법신과 불성과 열반에 갖추어 있는 네 가지 큰 덕을 말합니다.

첫째는 상 常 으로서 영원히 변치 않고 항상된 덕입니다.

둘째는 낙 樂 으로서 고통이 없고 편안한 덕입니다.

셋째는 아 我 로서 자재하고 다른 무엇에도 결박되지 않는 덕입니다.

넷째는 정 淨 으로서 번뇌에 물듦이 없는 지극히 청정한 덕을 말합니다.

번뇌가 다한 열반이나 일체 중생의 본성인 불성이나 부처님의 법신은 그 본체성이 하나입니다. 혹은 진여라고도 하고 법성 法性 이라고도 하며 각성 覺性 이라고도 하나 실제로는 다른 것이 아닙니다. 이 진리를 경우에 따라 여러 가지 말이나 비유로써 설명하게 됩니다. 이러한 법성 진리에는 네 가지 뛰어난 덕성이 갖추어져 있습니다.

닦아서 이루어지는 것이 아니고 인연을 만나 변하는 것도 아닌 영원불멸 자존自存인 진리가 있습니다.

일체 대립이 없고 원만한 화합만이 있습니다.

거기에 끝없는 편안이 있게 됩니다.

걸림 없는 권위스런 자주自主와 자유가 있으며 끝없이 청정한 공덕만이 갖추어져 있습니다.

그렇건만 범부들은 법성을 보지 못하고 현상만 봅니다.

불성을 보지 못하고 망상만 봅니다.

열반을 보지 못하고 생사를 봅니다.

여래 법신을 보지 못하고 무량중생을 봅니다.

그래서 온갖 생멸 고난의 세계를 현출합니다.

그런데도 범부들은 생멸 고난부정이 충만한 미혹세계에서 도리어 그것을 집착하면서 영원하고 즐겁고 진실하고 청정한 것인 양 잘못 알고 집착합니다.

이러한 집착과 잘못된 생각을 바로 잡기 위하여 부처님의 사념처四念處 법문이 열린 것입니다.

사념처 법문에 의해서 망념과 집착을 쉬게 되면 거기서 비로소 열반의 도리, 법신의 도리, 불성의 도리, 법성진여의 도리를 알게 되는 것입니다.

우리들은 모름지기 큰 믿음으로 사덕을 배워야 하겠습니다.

반야般若란 무엇입니까?

반야는 지혜 또는 밝음에 뜻이 있습니다. 모든 사물의 도리를 밝게 보며 근원적 진리를 막힘없이 드러내는 큰 지혜입니다. 반야의 지혜로 중생의 미혹이 깨어지고 진실한 절대적 진리가 드러나게 됩니다. 그리고 반야는 진실한 절대적 진리의 빛인 것도 알게 됩니다. 반야에 의해 중생의 미혹과 고난과 분별 세계가 본래 없는 것을 알게 되니 반야 지혜를 공空이라고도 합니다.

반야는 일체 중생의 미혹을 단번에 깨뜨리고 있는 그 자리에서 원만한 깨달음에 실상을 훤칠히 드러내는 신묘한 위력이 있습니다. 그래서 반야는 범부를 단번에 여래 법성으로 바꾸는 신령한 약이며 일체 중생을 고난에서 건져 주는 해탈의 배입니다. 일체 제불도 반야에 의해 성불하시고 부처님의 온갖 법문도 반야에 의해 열리게 되므로 반야를 모든 부처님의 어머니라고 합니다. 반야 법문의 핵심을 간명하게 설한 경으로는 『반야심경』이 있습니다.

삼학三學이란 무엇입니까?

불법을 수행해 깨달음에 이르는 데 반드시 닦아야 할 세 가지 배움을 삼학이라 합니다. 계학戒學과 정학定學과 혜학慧學입니다. 계학은 마음의 청정을 지키고 말과 행실을 단속해 마음의 진실을 지켜가는 행입니다. 정학은 마음에 흔들림이 없는 것을 배우는 것인데, 마음의 안팎에서 일어나는 동요에 그 마음이 한결같음을 말합니다. 혜학은 마음의 밝은 빛을 드러내어 바르게 쓰는 지혜입니다.

수행하는 사람이 그 행실에 계행이 없으면 마음이 흔들리고 거칠어져서 고요하고 맑은 본성을 보지 못하게 되며, 마음이 흔들리고 맑지 못하면 지혜가 없어 옳고 그름과 선악을 분별 못하며, 수행은 성장하지 못하게 됩니다.

그래서 고래로 삼학을 비유하기를 계를 그릇으로 말하고 계의 그릇이 완전하고 든든해야 거기에 맑은 정定의 물이 담기게 되고, 정의 물이 맑고 고요해야 거기에 밝은 지혜의 달이 원만하게 드러난다고 했습니다.

수행은 정을 닦는 것이라느니 혹은 오직 지혜만이 소중하다느니 하며 계행이나 정의 수행을 소홀히 하는 것은 잘못입니다. 오물로써 향을 만들 수 없듯이 계의 그릇이 허물어지고는 청정한 깨달음의 공덕을 이룰 수 없는 것입니다.

계율戒律이란 무엇입니까?

불자가 지켜야 할 생활 규범입니다. 몸과 말로써 악한 것을 막고 잘못된 것을 멈추게 하는 청정행의 기본입니다. 계는 불자가 반드시 지켜야 할 기초로서 계를 지키지 아니하면 어떠한 공덕도 이룰 수 없고 설사 고행하고 정진한다 하더라도 선법을 이루지 못하게 됩니다.

부처님의 계법은 밖에서 주는 처벌이 따르는 강제성보다 주로 자발적인 노력으로 지키게 되는 특성이 있습니다. 나쁜 마음을 먹거나 나쁜 행을 하면 나쁜 결과가 따르는데 그것은 밖에서 오는 처벌이 아니라, 행위가 가져오는 원인으로서 좋지 않은 결과를 당연하게 가져오게 됩니다.

계는 오계, 팔계, 십계, 구족계具足戒 등이 있으며 이밖에 대승보살을 위한 보살계가 있습니다. 모든 불자들은 먼저 오계를 받고 다음에 수행 신분에 따라 그 밖의 계를 받으나 보살계는 재가 · 출가, 남녀를 차별하지 않고 모든 불자가 받는 것입니다.

계의 내용을 보면 계가 없더라도 행위의 성질상 본래 죄악임을 경계한 계, 예컨대 살생이나 도둑질 같은 것을 성계性戒라 합니다. 이에 대해 행위가 본래 죄는 아니지만 교단의 필요상 또는 다른 죄를 유발할 것을 막기 위해 특히 경계한 계가 있는데 예컨대 음주계 같은 것입니다. 이런 계를 차계遮戒라고 합니다. 대개 살생·도적·삿된 음행·망어 등은 성계이며 사중계四重戒라고도 하여 가장 중한 계가 됩니다. 그 밖의 계는 보다 가벼운 허물이기는 하나 악을 멀리하고 청정율의를 가지며 세간의 비방을 막고 교단의 신성을 위해 반드시 지켜야 합니다.

계는 비록 말과 신체적 행으로 나타나는 것에 대해 경계하고 있으나 이것은 바로 마음의 청정과 진실과 지혜를 닦아 가는 데에 참뜻이 있습니다. 그래서 계와 그 밖의 모든 수행은 하나이고 나눌 수 없는 것입니다.

예를 오계에서 들면, 산 목숨을 죽이지 말라는 불살생계는, 자비심으로 생명을 존중하라는 것이 내면의 뜻이며, 도둑질하지 말라는 불투도계는 탐심을 버리고 베풀어 주라는 것이 본뜻입니다.

계는 그 표현 방식이 '이러이러한 일을 하지 말라'는 식으로 표현되어 있으나 본뜻인즉 적극적으로 규범을 실천하라는 작위作爲가 본 내용임을 알아야 합니다. 그래서 우리는 계를 가지기를 '무엇무엇 하지 않는' 소극적 부작위不作爲에서 한걸음 나아가 적극적 행동 계율을 배워 가야 합니다.

모든 불자가 받는 기본계인 오계는

⑴ 산 목숨을 죽이지 마라.

⑵ 남의 물건을 훔치지 마라.

⑶ 삿된 음행을 하지 마라.

⑷ 망녕된 말을 하지 마라.

⑸ 술을 마시지 마라.

이며 구족계는 비구계 2백 50계와 비구니계 3백 48계를 말하며, 보살계는 열 가지 중한 계[十重大戒]와 가벼운 48경구계輕垢戒로 이루어져 있습니다.

부처님께서 열반에 드실 즈음에 아난 존자가 묻기를 "부처님 멸도 후에는 누구를 스승으로 하오리까?" 하니 부처님께서 "계로 스승을 삼으라." 하신 말씀을 깊이 간직해야 합니다.

●

십선十善이란 무엇입니까?

몸과 말과 뜻으로 짓는 열 가지 행위 가운데 십악十惡의 반대가 되는 열 가지 착한 행위를 말합니다. 십악十惡이란 몸으로 짓는 세 가지 나쁜 업과 입으로 짓는 네 가지 나쁜 업과 뜻으로 짓는 세 가지 나쁜 업을 말합니다.

그 첫째는 탐욕과 애착심이고, 둘째는 성내는 마음이고, 셋째는 인과를 무시하고 성인을 의심하는 어리석은 마음이며, 넷째는 다른 사람을 미워하는 것이고, 다섯째는 원망하고 분히 여기는 마음이며, 여섯째는 슬픈 마음이고, 일곱째는 불평불만이고, 여덟째는 아만심이고, 아홉째는 인색한 마음이며, 열째는 우울하고 어두운 마음입니다. 이 십악을 여의면 십선행이 됩니다.

십악十惡 가운데도 살생과 사견邪見이 가장 중한 허물이 됩니다.

경의 말씀에 십선을 행하면 정도에 따라 인간, 천상 또는 그 이상의 수승한 과보를 얻고, 십악을 행하면 정도에 따라서 지옥, 축생, 아귀에 나게 되며 설사 인간에 태어나더라도 단명하고 다병多病한 과보를 받는다고 했습니다.

대개 십악을 범하느냐 또는 십선을 짓느냐의 근본은 탐심, 진심, 치심 등 삼독심三毒心을 조복하는 정도에 달려 있습니다. 삼독심을 조복하면 선근善根이 증장해 선업을 짓게 되고 선법을 이루게 됩니다.

대승大乘과 소승小乘은 어떠한 것입니까?

승이란 수레의 뜻인데 미혹의 이 언덕에서 깨달음의 저 언덕에 이르는 부처님의 교법을 말합니다. 그래서 대승이란 큰 수레인데 많은 사람을 모두 태워 깨달음의 저 언덕으로 이르게 하는 교법이라는 뜻입니다.

부처님께서 멸도하신 뒤 부처님의 언행을 중심으로 하여 전하는 불교(원시불교)에서 다시 가르침을 주석적으로 연구하는 불교(부파불교)가 열리게 되면서 이와는 별도로 보살도를 말하고 성불을 말해 부처님의 근본 정신에 되돌아가고자 하는 불교가 발달하게 되었습니다.

대승·소승이라는 말은 후자의 불교가 자신들이 믿고 있는 교법이 수승하다는 의미에서 대승이라 하고 전자를 낮추어서 소승이라 부르는 데서 시작됩니다. 사상사적으로 보면 소승은 대승 교학의 기초가 되고 있는 점에서 근본적으로 뿌리를 같이 하고 있습니다. 대개 소승은 자기 한 사람만의 해탈을 목적으로 하여 자신의 번뇌를 없애는 것으로 마지막을 삼는 데 비하여 대승은 수행의 목적인 열반의 경계에 적극적 의미를 인정하고 자기 스스로 이로움과 타인의 이로움을 함께 추구하는 보살도를 주장하는 불교입니다.

소승이 존중하는 경전으로는 『아함경阿含經』, 『사분율四分律』, 『오분율五分律』 등이 있고 대승이 존중하는 경전으로는 『반야경般若經』, 『법화경法華經』, 『화엄경華嚴經』, 『범망경梵網經』, 『유마경維摩經』 등 그 밖에 많은 경전이 있습니다.

오늘날 버마, 태국, 스리랑카 등 남방제국에 전해진 불교는 소승 계통이고 티베트, 중국, 일본 그리고 우리나라에 전해진 불교는 모두 대승에 속하는 불교입니다.

소승이 철저하게 개인적 수행과 해탈을 주장하고 있는 데 비하면 대승은 대중적인, 사회공동적인 주장이 두드러진 게 특징입니다.

소승이 현실적인 육체와 번뇌를 토대로 해 그 극복과 해탈에서 열반에 이르는 경과를 밟는 데 비하면, 대승은 깨달음 자체에 믿음을 두고 깨달음의 진리에는 자타가 둘이 아님을 보며 개아와 국토를 함께 성숙시킨다는 근본 입장에 선다 하겠습니다.

그래서 소승은 미혹에서 출발하고 대승은 깨달음과 믿음에서 출발하는 차이가 있습니다.

대승에는 여러 종파가 있습니다. 삼론三論, 열반涅槃, 정토淨土, 천태天台, 화엄華嚴, 선禪, 진언眞言 등 제종이 그 대표입니다.

우리나라 불교는 신라·고려시대 이래 대승으로서 선종과 교종의 여러 종파가 있었으나 조선시대에 들어오면서 점차 통합되어 마침내 단일종이 되었습니다. 다만 최근(1963년부터) 새로운 불교 종파가 탄생했는데 이들도 모두 대승에 속하는 종파입니다.

밀교密教란 무엇입니까?

진리를 분명하게 드러내어 말씀하신 가르침을 현교顯敎라 하고 비밀하게 말씀하시어 표면으로는 알 수 없는 가르침을 밀교密敎라고 합니다.

대개 부처님께서 중생을 위하여 형상 있는 몸을 나투시어 중생의 성질이나 능력에 따라 마땅한 가르침을 드러내어 말씀하신 법문은 여러 가지가 있습니다. 이것이 현교입니다.

그러나 부처님의 형상 아닌 법신法身 스스로가 깨달음을 즐기시면서 그 내용을 나타낸 가르침은 생각이나 이론으로만 이해하는 범부로서는 이해하지 못합니다.

그래서 비밀한 가르침이라 하게 됩니다. 이 비밀한 가르침은 오직 부처님만 알 수 있는 것이며, 말이나 이론으로 알 수 있는 것은 그에 비하면 방편적인 가르침에 불과하다고 말하게 됩니다.

부처님의 깨달음 자체에는 진리 자체의 작용이 있어서 이것을 범부는 헤아릴 수가 없습니다.

그러나 중생의 신구의身口意로 짓는 행위를 부처님의 비밀한 행

위와 상응하여 닦으면, 본래 중생의 본성이 부처님과 같은 깊은
뜻을 간직하고 있으므로 중생도 부처님이 가지신 놀라운 위력을
함께할 수 있는 것입니다.

중생이 밀교의 비밀한 수행을 닦으면 부처님의 위력에 섭수되
어 융화하게 되므로 중생도 부처님과 한 몸이 되니 그 몸 그대로 성
불할 수 있다는 말이 됩니다. 이것을 즉신성불卽身成佛이라 합니다.

이것이 밀교의 특징적인 가르침입니다.

밀교의 수행은 진언眞言을 관하고 입으로 외우며 몸으로 인법印
法을 지어 수행합니다.

●
왕생往生이란 무엇입니까?

글자 뜻으로는 이 몸이 죽어서 다른 세계에 태어나는 것을 말합니다만 아무데나 태어나는 것을 왕생이라 하지는 않습니다. 극락세계에 태어나는 극락왕생, 다른 부처님 세계에 태어나는 시방왕생十方往生, 도솔천에 태어나는 도솔왕생 등을 왕생이라 말합니다. 다시 말하면 정토에 태어나는 것을 왕생이라 합니다.

정토에 태어나면 나고 죽는 미혹의 세계를 벗어나게 되므로 생이 없는 생, 즉 무생지생을 하게 되며 결코 퇴전함이 없이 반드시 성불하게 되므로 왕생은 곧 성불이라고도 말하게 됩니다. 왕생성불이라는 말은 여기서 나온 것입니다.

왕생하는 방법으로는 부처님을 믿고 일심 염불하여 정토에 나게 되는 염불왕생과 염불 이외의 착한 행을 하여 정토에 나는 제행왕생諸行往生과 염불을 하면서 한편 여러 행을 닦아서 정토에 가서 나는 조념불왕생助念佛往生 등이 있습니다.

도솔천은 욕계천 가운데의 한 하늘인데 어째서 그곳에 태어나는 것을 왕생이라 하는가 하면 도솔천에는 미륵보살이 현재 설법하고 계십니다.

그래서 미륵존불을 생각하여 도솔천에 태어나면 그곳에서 미륵보살의 설법을 들으며 56억 7천만 년을 함께 지낸 다음에 미륵불이 성불할 때에 함께 깨닫게 되므로 왕생이라고 하는 것입니다. 『미륵상생경』에 자세히 보입니다.

제
5
장

수행

인간은 편력자.
마음의 평화, 안정 그리고 행복을 찾아서
끝없는 길을 가는 나그네.
의욕적 전진도 꿈도 있는가 하면
좌절도 절망도 ….
항상 안락하고 충만한 기쁨,
흔들림 없는 진리의
평화를 머물게 할 수는 없을까?
샘물처럼 솟구쳐 넘치는 부처님의
자비하신 위신력에 젖어 들어야 한다.
끊임없는 수행정진을 통한
부처님과의 만남은
무한창조 무한성취 무한환희를 가져 오리라.

●

불교를 믿는 생활에서 첫째 무엇을 믿어야 합니까?

불법승 삼보를 믿어야 합니다. 부처님은 위없는 깨달은 진리이시며, 진리의 완전한 구현자이시고, 법은 부처님의 진리이며, 또한 진리에 이르는 가르침이고 승은 부처님 법을 가르쳐 주는 스님입니다.

부처님은 여러 부처님이 계신 듯하나 근원은 한 부처님이시고 그 부처님 명호는 석가모니불이십니다. 근원인 한 부처님을 말할 때 법신불 또는 비로자나불이라고도 하나 이것은 부처님을 말합니다.

부처님 법은 부처님의 말씀으로 가르쳐 주신 진리와 말씀으로 설하지 못한 근본 진리가 있습니다. 그래서 경전도 법이고 진리의 말씀도 법이고 깨달은 마음도 법입니다.

또 스님들도 몇 가지 차별이 있습니다. 문수보살 · 보현보살 · 지장보살처럼 지극한 도리를 깨친 보살스님도 있고 나한님도 계시며 부처님의 말씀 밖의 마음 법을 깨달은 조사스님도 계시고

다만 계율을 존중하며 허물을 따라 다시 새로워지며 부처님 법을
부지런히 공부하고 우리의 친절한 벗이 되어 주시는 범부인 스님
도 있습니다. 비록 허물이 있어도 스님은 세간의 보배입니다.

　불교 믿는 사람은 세간의 위없는 세 가지 보배를 믿고 받들어
닦아 갑니다.

●

부처님을 어떻게 믿어야 합니까?

부처님을 배우는 사람은 부처님에 대해 다음 네 가지를 믿습니다.

첫째는 부처님의 청정자존성淸淨自存性입니다.

부처님은 진리이시며 일체 허물이 없으시고 일체에 초월하시며 스스로 계십니다. 부처님 밖에 따로 진리가 있어서 인정을 받았다든가 또 어디로 간다든가 또는 생멸이 있다든가 하는 것은 부처님에게는 없습니다. 영원하시고 청정하시고 권위이시고 원래 스스로 무한하시며 불멸이십니다.

둘째는 동체대비성同體大悲性이십니다.

부처님은 부처님으로 계시되 그것은 진리로 계시는 것이며 일체 세계 일체 중생을 여의지 않으십니다. 끊임없이 대자비심을 일으키시어 중생의 편이 되어 중생을 깨우치고 인도하시고 도우십니다. 너무나 중생의 사정을 자비로써 살피시고 끝없이 너그러우시면서 오직 중생의 안락과 진리성 회복만을 도모하십니다. 끝없이 베푸시고 한없이 용서하시면서도 영원히 싫어하시는 일이 없습니다.

셋째는 원만구족성圓滿具足性이십니다.

부처님은 끝없는 지혜와 한없는 덕성과 걸림 없는 위력을 원만하게 갖추셨습니다. 그 위신력은 표현할 수도 비유할 수도 없고 일체 중생과 온 세계에 온갖 성취의 공덕을 베풀어 주고 계십니다. 모든 것이 바로 선다든가 서로 이어진다든가 따뜻하다든가 옮겨진다든가로 통하고, 윤택하다든가 오르고 내리고 순환한다든가 새로운 것이 생산된다든가 온갖 착한 성품을 안에 간직한다든가 꿋꿋하게 독립한다든가 등등, 이 세간이 이루어지고 발전하며 보람을 이루는 모든 사항이 실로는 부처님의 원만구족한 공덕을 받아 쓰고 있는 것입니다.

우리는 이미 부처님의 한량없는 공덕을 받고 축복 받으며 태어난 것입니다. 그래서 우리들의 생명과 세계는 부처님의 크신 자비 공덕 안에 있는 것을 알게 됩니다.

넷째는 무한창조성無限創造性입니다.

부처님은 무한하신 진리 자체로서 스스로를 전면 개현하시거나 무한 차별로 제한 개현하시거나 종종 방편을 가하심으로써 무한한 창조를 이루십니다. 오직 중생을 깨닫게 하여 본래 진리 본성을 회복시키기 위해 부처님의 대지혜심은 무한 창조를 계속하시는 것입니다. 그리고 우리에게도 그와 같은 은혜로운 권능을 주고 계시며 그것을 바르게 내어 쓸 것을 가르치고 계십니다. 한없는 자비심과 깊이 모를 너그러우심과 끝없는 지혜로써 우리의 성숙을 돕고 계십니다.

●

부처님의 그와 같은 큰 깨달음은 어떤 진리에서 이룬 것입니까?부처님께서 위없는 전지자全智者가 된 근원을 말씀해 주십시오.

부처님이 위없는 깨달음을 성취한 것은 마하반야바라밀을 깨쳤기 때문입니다.

경에 이르기를 부처님이 전지자가 된 원인은 반야바라밀이라 했으며 일체 부처님은 반야바라밀의 소산이며 일체 부처님께서 공양하고자 하면 마땅히 반야바라밀에 공양해야 한다고 했습니다. 그래서 반야바라밀을 일체 제불이 나온 곳이라 하여 불모佛母라 합니다.

●

불자가 가져야 할 마음은 어떤 것입니까?

부처님을 믿는 사람이라면 스스로 다음 네 가지 마음을 항상 지녀야 합니다.

첫째는 청정심입니다.

부처님의 높으신 가르침을 생각하고 항상 그 마음의 청정을 지켜야 합니다. 본래 형상 없고 한이 없고 생멸이 없는 자기 자신에 대해 믿음을 가져야 합니다. 청정심을 더럽히는 것은 탐심, 성내는 마음, 의심, 원망, 미움, 슬픔, 괴로움, 게으름, 산란심 등 많습니다. 그런 마음이 일어나면 금방 생각을 돌려 마음의 청정을 가꾸어 가야 합니다.

둘째는 자비심입니다.

모두와 함께하는 마음을 가지는 것입니다. 아픈 사람에게 아픔을 나누고 가난한 사람에게 가난을 나누며 짐을 진 사람에게 짐을 나누며 고통받는 사람에게 고통을 나누는 따뜻한 마음입니다. 이 마음은 본래의 마음이므로 대가를 바라거나 알아주기를 바라는 생각은 터럭 끝도 없습니다. 힘껏 힘을 바치고 재물을 바쳐서 남을 도와주고도 도와준 상이 없는 그런 자비심입니다.

셋째는 다행스럽고 경사스럽고 기쁜 마음입니다.

우리가 비록 범부이기는 하나 부처님 가르침에 의하건대 우리는 진리의 주인공입니다. 이 사실이 얼마나 경사스러운 일이겠으며 이런 진리를 가르치신 부처님을 만난 것이 얼마나 다행스러운 일입니까? 또 하루하루 살아가는 것이 욕망과 안락을 찾아서 정처없이 방황하는 것이 아니고 진리를 배우고 진리 생명을 성장시키며 이웃과 나라를 밝게 하는 수행을 하고 있는 것이니 이러한 우리의 현 존재는 기쁠 수밖에 없습니다. 어떠한 경우에도 기쁨과 감사를 잃지 않는 것은 당연합니다.

넷째는 정진심입니다.

우리들의 본성은 진리입니다. 진리는 한없는 지혜이고 끝 모를 활성입니다. 동시에 한없는 용기입니다. 이것이 우리의 본분일진대 우리는 항상 지혜와 용기로 끊임없이 정진함으로써 진리를 회복하며 역사와 국토의 창조를 실현해 가는 것입니다.

이 청정심 · 자비심 · 경희심 · 정진심은 불자로서 항상 가지고 지키는 마음입니다. 이 4심을 간직함으로써 반야바라밀 공덕이 우리 것이 되는 것입니다.

●

불자가 가지는 원이나 맹세가 있습니까?

불자에게는 누구나 원이 있습니다.

원은 우리의 삶에 목표를 주고 중심을 이루며 지혜와 용기가 나오는 곳입니다.

옛 성인들도 누구나 큰 서원을 세우고 한 생뿐만 아니라 기나긴 생을 수행하며 마침내 성불하였습니다.

불자는 누구나가 가지는 근본 원이 네 가지 있습니다.

이것은 앞서 말한 사홍서원입니다.

이 서원력으로 인하여 모든 불자는 번뇌에서 벗어나며 악도를 벗어나고 중생을 제도하며 불국토를 성취하는 것입니다.

●

불자가 행해야 할 기본적 수행 덕목
[수행 6칙]은 어떤 것이 있습니까?

이에 대하여는 이미 여러 번 말하였습니다. 그 중에서도 불성을 일상생활에 쓰는 법으로서 행원, 육바라밀, 오계 등을 말했는데 이것들은 바로 불자의 기본행이 되는 것입니다. 여기서는 이미 말한 것을 정돈해 간단히 여섯 가지만 말하겠습니다.

첫째는 예경 행위입니다.

부처님은 무한의 자비이시며 근원의 진리이시므로 우리는 끝없이 예경합니다. 또 일체 중생도 그 본면목이 불성 진리로서 모두 성불할 사람이므로 존경합니다. 이렇게 하여 모든 부처님과 성현과 일체 중생과 온 이웃 형제들을 끝없이 존중하고 예경합니다. 아무리 못나 보이는 중생이라 할지라도 그가 지니고 있는 참 성품을 존중합니다. 그래서 그 사람이 지닌 아름다운 덕성과 큰 능력이 충분히 발휘될 수 있도록 받들고 도웁니다.

둘째는 찬탄 행위입니다.

부처님께서 한량없는 공덕을 갖추시고 일체 중생을 제도하시니 그 빛나는 덕성을 우리는 끝없이 찬탄하며 감사드립니다. 또 모든 이웃 모든 중생들도 실제로는 부처님이 지니신 위없는 공덕을 갖추었고 또한 우리를 성숙시키고 돕기 위해 이 땅에 머물며 이 사회를 구성합니다. 그러므로 우리는 부처님의 한량없는 공덕을 찬탄하고 감사하듯이 일체 중생들과 형제들이 지닌 바 공덕을 찬탄하고 감사드립니다.

이와 같이 찬탄하고 감사하는 우리 또한 부처님의 무한의 위덕을 갖춘 자입니다. 그러므로 이러한 사실을 믿고 긍정하는 말만을 쓰게 됩니다. 실패와 소극을 말하지 아니하고 비관과 불행을 생각하지 아니합니다. 적극적이고 성공적이며 행복을 말하고 부정보다 긍정을 말합니다. 모든 이웃 모든 중생에게 이와 같이 긍정과 찬탄을 하게 됩니다.

셋째는 보시행입니다.

우리는 위없는 진리를 향해 닦아가는 불자입니다. 그러므로 이 공덕을 이루기 위해 모든 것을 바칩니다. 부처님께 공양하고 선지식께 공양하고 일체 중생에게 공양합니다. 음식이나 꽃이나 음악이나 집이나 모든 공양구로 한없이 공양합니다. 불자는 공양함으로써 복덕의 문을 열게 됩니다. 탐착함으로써 복덕의 문은 굳게 닫힙니다. 즉 진리가 가지는 행복의 문은 닫히고 마는 것입니다. 그 결과로 가난과 부자유와 제한이 따릅니다. 불자는 진리의 주인공이므로 항상 공양하고 보시하며 간탐심을 버리고 복덕의 문을 열며 공덕의 나무를 가꾸는 것입니다. 특히 부처님의 법문에 공양하고 그 수행과 법이 널리 퍼지기 위해 법공양을 행합니다.

넷째는 참회행입니다.

우리는 기나긴 과거세에 햇빛보다 밝은 참 성품을 등지고 어리석은 행을 많이 지었습니다. 이제 우리는 밝은 부처님 법 앞에 나와 이것을 깨달아야 합니다. 그리하여 이제까지 지은 바 모든 죄를 참회하고 다시는 짓지 않기를 맹세합니다. 죄는 어둠이며 참회는 밝음입니다. 우리는 참회함으로써 항상 밝고 청정한 마음을 간직하는 것입니다.

다섯째는 선정행입니다.

우리는 이제까지 경계와 삼독심에 끄달려서 끊임없이 번뇌를 일으켰습니다. 그래서 지혜의 눈이 없어지고 무지한 범부가 되었습니다. 이제 부처님 가르침 따라 청정심을 굳게 지켜 경계에 물들지 아니하고 일어나는 마음에 흔들리지 아니하여 부동한 본심을 지키는 것입니다.

여섯째는 감사 서원행입니다.

불자들은 이 땅에 태어난 다행스러움과 부처님 법문을 만난 경사스러움에 큰 감사와 용기를 일으켜 부처님 가르침을 실천할 것을 맹세하게 됩니다. 자성을 밝히고 중생을 성숙시키며 사회와 국토에 진리의 질서를 심기 위해 원을 세우고 맹세를 하는 것입니다. 이것은 삼보님과 일체 중생에 대한 감사이며 보리의 싹을 굳건히 가꾸어 가는 행입니다. 이상 여섯 가지 행은 선후도 없고 경중輕重이 없습니다. 하나 가운데 여섯이 있으며 여섯은 필경 청정 자성을 내어 쓰는 것에 귀일됩니다.

불자로서 지켜야 할 계목은 어떤 것이며 오계법문의 근본은 무엇입니까?

출가한 스님들이 지키는 계는 사미계·비구계·비구니계 등이 있으며, 보살이 지킬 계로는 보살계가 있으나 모든 계의 기본은 오계입니다. 오계에 대하여는 이미 말한 바 있으니 여기서는 간단히 조목만을 열거하겠습니다.

오계의 첫째는 불살생不殺生이니 모든 생명을 존중하고 그가 지닌 덕성을 보호하며 마침내 손상하지 않는 것입니다. 불살생계로서 자비의 종자를 키웁니다.

둘째는 불투도不偸盜이니 아낌없이 베풀어 주고 결코 남의 물건을 가로채거나 훔치거나 빼앗지 않는 것입니다. 아낌없어 베풀어 줌으로써 복덕을 성장시키며 세간이 따뜻하게 번영하게 됩니다. 이 계를 지킴으로써 복덕의 종자를 키우게 됩니다.

셋째는 불사음不邪婬이니 청정행을 할 것이요, 삿된 음행을 하지 않는 것입니다. 이것으로 마음의 청정을 지키고 결혼의 신성을 지키게 됩니다.

　넷째는 불망어不妄語이니 진실을 말하고 결코 거짓말이나 독한 말 등 망녕된 말을 하지 않는 것입니다. 이 계를 지킴으로써 진실의 종자를 키웁니다.

　다섯째는 불음주不飮酒이니 항상 맑은 마음을 지킬 것이요, 술을 마셔 취하여 마음의 안정을 잃지 말아야 합니다. 이로써 지혜의 종자를 키웁니다.

　오계를 지키는 방법은 오계의 규범을 적극적으로 실천해 나가는 데 있습니다. 이것은 계를 행동으로 지키는 것을 말합니다.

지키기 어려운 계도 받아야 합니까?

계는 받아야 합니다. 계를 지키지 못한다는 것은 계를 받지 않았기 때문입니다. 계 받은 사람은 수계 공덕이 있어 성현들이 가호하시고 계 받은 위력으로 지킬 마음이 나기 때문에 지키게 됩니다. 계를 받지 않은 사람은 계력이 없으므로 지키기 어렵게 됩니다.

또 계 받고 범하는 죄가 더욱 중하다고 할 사람이 있으나 계 받은 공덕으로 계를 범해도 가볍게 범하게 되고 따라서 죄도 가볍게 됩니다. 계 아니 받았다고 하여 나쁜 행이 죄가 없는 것이 아닙니다. 또 계를 받아 허물이 되는 것을 아는 사람은 언젠가는 마음을 돌이켜 범하지 않게 되며 다시 참회하고 분발하여 새롭게 되는 복원력復原力이 있습니다.

그러나 계를 받지 않은 사람은 계를 파할 수도 없으며 참회하여 새롭게 되는 힘도 약할 뿐더러 오히려 계를 받지 아니하여 허물이 되지 않는다는 생각을 갖게 되므로 더욱 깊은 죄에 빠지게 되어 사회적으로도 큰 폐를 끼치게 됩니다. 무지의 죄는 참으로 두려운 것입니다.

●

불자로서 일상생활 중에 버려야 할 나쁜 마음[十捨]은 어떤 것이 있습니까?

열 가지를 말하겠습니다. 이것을 십사十捨라고 합니다. 이 열 가지는 청정한 자성을 좀 먹고 우리의 공덕을 훔쳐가는 도적이며 우리의 건강과 생활과 행복을 좀먹는 마가 되므로 우리는 단연코 이 열 가지를 마땅히 버려야 하는 것입니다.

첫째는 탐욕과 애갈심이고

둘째는 성내는 마음이고

셋째는 인과를 무시하고 성인을 의심하는 어리석은 마음이며

넷째는 다른 사람을 미워하는 것이고

다섯째는 원망하고 분히 여기는 마음이며

여섯째는 슬픈 마음이고

일곱째는 불평불만이고

여덟째는 아만심이고

아홉째는 인색한 마음이며

열째는 우울하고 어두운 마음입니다.

●

우리가 일상생활에서 건강하고 행복해 지는 기본 요건은 무엇입니까?

다섯 가지를 말씀드리겠습니다. 우선 부처님의 법을 진지하게 배워야 합니다.

첫째, 매사에 감사하고 모든 사람에 감사하고, 모든 환경에 감사하는 것이며, 둘째는 가족, 형제, 이웃, 선인, 악인, 조상, 산과 들, 하늘과 땅 그리고 모든 성현에게 일체 대립심을 없이 하고 순수하게 화합하는 일입니다. 화합하지 아니하면 염불 보시해도 공덕이 없습니다.

셋째는 물건이나 힘이나 지혜나 법문을 널리 보시하는 것이고, 넷째는 항상 기쁜 마음, 기쁜 얼굴, 기쁜 말로 밝은 마음을 가지는 것이며, 다섯째는 항상 희망과 자신을 가지고 정진하는 것입니다.

●

고난이나 병고를 당하면 어찌하면 좋습니까?

대개 우리 몸에 나타나는 재난이나 환경에 나타나는 일들은 모두가 내 마음의 상태를 반영하고 있는 것입니다. 그래서 환경은 마음의 거울이라 합니다.

그러므로 고난을 당하면,

첫째 자신이 기왕에 부지불식 중에 지은 허물이 나타난 것으로 알고 깊이 참회하여야 합니다. 그 허물은 금생이나 전생의 것일 때도 있습니다.

둘째로 고난은 나를 절망으로 몰아넣는 것이 아니고 과거에 지은 것이 나타남으로써 소멸되는 것이니 잠복 중에 있던 나쁜 원인이 소멸되면 다행스러운 일이며 새로운 희망이 싹틀 전조가 되기도 합니다.

그러므로 불자는 고난 앞에서도 오히려 감사하고 불평하거나 좌절하지 아니하며 용기를 잃지 않습니다.

셋째는 고난은 지은 바 인因이 있어 나타나는 것과 같이 새로운 희망은 오늘 새롭게 씨를 뿌림으로써 커가는 것이므로 불자는 고난을 당하여 새 희망을 일으키고 용맹정진하여 새로운 전환의 계기로 만듭니다.

이로써 불자는 끊임없이 깨달은 마음을 씀으로써 운명을 바꾸어 가는 것을 아는 것입니다.

●
염불 수행은 어떻게 하는 것입니까?

염불은 부처님을 염하는 것입니다. 부처님을 염할 때에 법신을 염하는 법신염불, 부처님의 공덕과 부처님의 덕상을 생각하며 염불하는 관념염불, 부처님의 명호를 입으로 외는 칭명염불이 있습니다.

부처님께 귀의하고 예배 찬탄하며 부처님의 공덕을 생각하면서 그 명호를 염불하게 되면 번뇌가 일어나지 않고 마침내 열반의 도리를 얻게 됩니다. 이것은 관념염불과 칭명염불을 합한 방법입니다.

또한 깊은 삼매에 들어 염불하면 죄가 소멸되고 부처님을 뵈오며 불국에 왕생하게 되므로 이 염불을 왕생염불이라고 합니다. 아미타불을 염해 극락에 왕생하는 데는 일반적으로 칭명염불을 중시하나 역시 부처님 공덕에 대한 관념을 여의어서는 안 될 것입니다. 극락에 왕생하는 것은 아미타불의 본원에 의한 원력 왕생이므로 여기에는 오직 귀의와 칭명염불이 중요합니다.

염불에는 깊은 마음으로 염불하는 정심염불定心念佛과 산란한 마음으로 염불하는 산심염불散心念佛과 매일 일과로 염불하는 일과염불과 시간과 장소를 가리지 않는 장시염불長時念佛 등이 있습니다.

그러나 일반적으로 염불 수행하는 사람은 부처님의 한량없는 공덕을 믿고 일심염불하며 마음에서 일체 형상을 취하지 않고 큰 원을 세우고서 정진하는 것이 원칙입니다. 마음에서 형상을 그리거나 무엇인가를 얻으려고 하는 마음은 염불 수행에 큰 장애가 됩니다. 그리고 염불 시간은 되도록 일과로서 정하는 것을 원칙으로 하고 여타 시간에 형편 따라 염불하는 것이 좋겠습니다.

소리를 내어 염불하는 고성 염불에는 열 가지 공덕이 있습니다.

첫째는 수면이 없어지고,

둘째는 천마가 두려워하며,

셋째는 염불 소리가 주위에 퍼지고,

넷째는 삼악도의 고통이 쉬며,

다섯째는 잡란한 소리가 들어오지 못하며,

여섯째는 염불하는 마음이 흩어지지 않고,

일곱째는 용맹스러운 정진심이 나며,

여덟째는 제불이 환희하시고,

아홉째는 삼매력三昧力이 깊어지며,

열째는 정토에 왕생하게 됩니다.

염불할 때에 큰 목소리를 내거나 낮은 목소리로 하거나 생각으로 염하는 것은 어느 것이나 다 무방합니다. 환경 따라 형편 따라 혹은 고성 염불 혹은 저성 염불 혹은 무성 염불에 힘쓰되 특별히 주의할 것은 어떠한 경우라도 마음에 형상이나 경계를 취하면 안 된다는 점입니다. 진불은 형상이 없으며 일심一心에는 경계가 없기 때문입니다.

전경轉經은 어떻게 하는 것입니까?

전경은 독경이라고도 하며 법문을 굴린다는 뜻이 있습니다.

부처님의 가르침에 깊은 믿음을 내고 감사하고 환희하는 마음으로 목소리를 내어 일심으로 경전을 읽는 것입니다.

빠르지도 않고 느리지도 않게 정성껏 읽어 갑니다. 여기에는 부처님의 크신 법문을 열고 법문의 광명을 굴리는 뜻이 있으며 동시에 전경을 통해 참된 부처님의 목소리를 듣게 됩니다.

불자는 수행 일과 때나 기도할 때에는 반드시 전경을 하게 됩니다.

●

불공佛供은 어떻게 하는 것입니까?

불공은 부처님께 공양하는 것이니 대개 다음 요소를 갖추어야 합
니다. 귀의, 참회, 공양, 발원 및 회향입니다. 위 다섯 가지 요건을
갖추면 법당에 올라가 부처님께 공양하거나 비록 스님들에 의한
여법한 작법이 없더라도 공양은 성취하게 됩니다.

일반적으로 스님들을 제외하고는 공양 의식에 밝지 못하므로
대개는 스님들의 인도와 스님들의 법력에 의지하여 불공을 드리
게 됩니다.

불공의 핵심은 공양입니다. 공양은 음식이나 의복이나 그밖의
물건을 삼보나 부모나 스승이나 망인에게 공급하는 것이지만, 부
처님께 공양이라 하면 삼보 공양을 뜻합니다.

공양하는 물건이나 공양하는 방법에는 여러 가지가 있습니다.
세간의 재물이나 향화나 생활 용구일 때도 있고 보리심을 일으켜
자리이타의 행을 닦는 관행 공양도 있습니다.

몸으로 하는 예배 공양과 입으로 하는 찬탄과 뜻으로 하는 부
처님을 생각하고 존중하는 공양을 삼업 공양이라 하며, 음식 · 의

복 · 탕약 · 방사房舍 등을 사사四事 공양이라고 합니다.

부처님께서는 부처님 법을 닦고 부처님 법을 전하며 수호하는 법공양을 공양 중 가장 수승하다고 하였습니다.

우리들은 항상 불공 드릴 마음 준비를 가지고 공양을 게을리 하지 말아야 하겠습니다.

방생放生은 무엇입니까?

방생이란 죽게 된 물고기가 새 등을 사서 물이나 산에 놓아 주는 것입니다. 비록 미물일지라도 그 생명을 소중히 하여 다치지 아니하고 보호하는 자비한 마음의 실천입니다. 그러므로 방생은 불살생계를 적극적으로 실천하는 뜻이 있습니다.

『금광명경』에 부처님의 전신인 유수 장자가 방생을 하고 경을 읽어 주었으므로 이들 고기가 천상에 난 이야기가 있습니다.

대개 일체 중생은 다생 동안에 서로 부모나 형제의 인연을 맺고 있으며 불성을 가지고 있어 성불할 고귀한 생명입니다.

오늘날 방생은 죽게 된 물고기를 사서 하천에 놓아 주며 염불, 독경, 참회 공양 등 법식을 행하여 생류에게 보리 인연을 심어주고 있습니다.

이 방생의 정신인 자비, 구호, 평화의 실천은 불자 모두가 배워 널리 행하는 것입니다.

방생은 여러 사람이 모여 방생 법회를 행할 때도 있고 또한 재난을 만났거나 병중에 있거나 기도하는 사람이 원을 세워 방생할 때도 있습니다.

방생을 하면 재난이 소멸되고 수명을 늘리며 복덕이 증장되므로 널리 행해지고 있습니다.

불자가 식사할 때 특별히 생각할 것이 있습니까? [五觀]

불자가 공양 받을 때는 먼저 합장하고 부처님의 크신 은혜에 감사하고 다음 오관게五觀偈를 생각하게 됩니다.

오관게는

(1) 계공다소 양피내처計功多小 量彼來處이니, 이 식사를 먹게 될 때까지 농부나 공양주의 귀한 노력을 생각하노라.

(2) 촌기덕행 전결응공忖己德行 全缺應供이니, 자기의 덕행을 돌이켜 보며 부족한 자기로서 이 음식을 받노라.

(3) 방심이과 탐등위종防心離過 貪等爲宗이니, 마음에서 탐 · 진 · 치 등 악한 마음을 없앰에는 탐심을 제하는 것이 첫째로다.

(4) 정사양약 위료형고正思良藥 爲療形枯이니, 이 음식은 몸을 지탱하는 좋은 약이라 생각하노라.

(5) 위성도업 응수차식爲成道業 應受此食이니, 진리의 길을 완수하기 위하여 이 음식을 먹노라

하는 것입니다. 이 오관게는 스님들이 사시 공양할 때 소리를 내어 외우거나 묵념으로 대신하기도 하나 불자들도 광양할 때 오관게의 뜻을 관하며 공양합니다.

●

불자가 다른 사람을 대할 때 특별히 유념할 것은 어떤 것입니까?

불자는 일상생활에서 많은 사람을 대하며 함께 일을 도모하게 됩니다. 이런 때에 불자는 마땅히 네 가지 법으로 저 사람들을 섭수해야 하니 바로 사섭법四攝法입니다.

⑴ 보시布施 : 재물이나 힘이나 부처님 법문을 기쁜 마음으로 베풀어 주는 것이요,

⑵ 애어愛語 : 친절한 말로 말을 거는 것이요,

⑶ 이행利行 : 사람들에게 이익이 되도록 온갖 일로 돕는 것이며,

⑷ 동사同事 : 고락을 함께하고 사업을 함께하는 것입니다.

이 사섭법은 불자가 이웃을 돕고 법을 전하며 사회를 밝히는 데 근간이 되는 것이며 불자가 사회적 성공을 이루는 기본이 되기도 합니다. 불자는 사섭법으로 모든 사람과 친하게 되고 저들을 불도에 들게 하여 보살의 원을 이루게 됩니다.

●

불자의 모임이나 단체를 화목하고 원
만하게 이끌어 가는 방법은 무엇입니
까?

불자는 스스로 닦고 남을 도우며 국토를 밝히는 거룩한 사명을
지니고 있습니다. 이들은 혼자뿐만 아니라 모임을 가지고 그 뜻을
추구하며 혹은 단체를 이루어서 거룩한 사업을 추진합니다. 이런
불자의 거룩한 모임이 원만히 그 목적을 이루어 가자면 육화경법
六和敬法을 실천해야 합니다. 육화경법은 육화동경법六和同敬法이라고
도 하는데

(1) 신화동경身和同敬이니, 몸으로 행하는 일에 화합해 서로 공경
하고,

(2) 구화동자口和同慈니, 말이 화목해 서로 자비심으로 대하고,

(3) 의화동심意和同心이니, 뜻으로 화합해 한 가지 마음이 되고,

(4) 시화동균施化同均이니, 대우하는 것으로 화합해 균등하게 가
지며,

(5) 계화동준戒和同遵이니, 계행으로 화합해 함께 받들고 따르며,

⑹ 견화동주見和同住니, 견해로 화합해 함께 머무는 것입니다.

위 신·구·의의 삼화三和는 신구의로써 화합하고 받들며 한 가지 법을 존중하고 행하는 것을 뜻하며, 계·시·견의 삼화는 각기 얻은 청정한 계행과 덕과 지혜를 서로 함께하여 받들고 섬기는 것을 뜻합니다.

이 육화경은 불교의 단체뿐만 아니라 어떤 단체이든 단체가 목적을 달성하고 번영하는 근본 요건이 되는 것입니다.

재가불자는 어떻게 수행합니까?

첫째 선지식에 의지하고 그 가르침을 따라 배워야 합니다.

보시 공양하고 계를 가지며 힘 따라 불사를 짓되 반드시 법회에 참석하여야 합니다.

그리고 매일 수행일과는 꼭 지켜야 합니다.

수행일과는 되도록 아침 시간 약 1시간이 좋겠으며, 귀의, 전경, 염불, 발원 및 좌선을 하는 것이 좋습니다.

반드시 아침일과는 지키기로 하고 여타 시간에 염불 등 수행하는 것이 바람직합니다.

●

불자의 의무가 있습니까?

불자에게는 근본적으로 지혜로서 진리를 살며 행복하고 사회에 빛이 되고 든든한 의지처가 될 의무가 있습니다. 그것은 끝없는 진리를 핵심으로 하는 부처님 공덕을 받았기 때문입니다.

불자의 네 가지 기본 의무를 들겠습니다.

⑴ 부처님 법을 널리 전할 의무입니다.

⑵ 삼보를 호지하며 부처님 교단을 부호扶護할 의무입니다.

⑶ 끊임없이 수행하며 역사와 사회에 밝은 빛이 되어 부처님 정법을 소륭紹隆해야 하며,

⑷ 국토가 평화롭고 정의롭게 번영하도록 지키는 의무입니다.

●

불교에 있어 노래는 어떤 의미가 있는 것입니까?

대개 사람들이 말을 이해하는 데는, 먼저 말의 뜻을 생각하고 합리적인 사유를 거쳐 긍정 내지 동감에 이르고, 그 다음에 행위로 나타내게 됩니다. 그러나 노래는 그와 크게 다릅니다. 지성에 의한 비판과 합리적인 논리 분석 과정 없이 노래는 합리를 넘어서 감성으로 그 의미를 받아들입니다.

다시 말하면 노래는 감성의 언어라는 특징이 있습니다. 그래서 노래는 언어나 문자와는 통로를 달리하는 새로운 이해와 공감 형성의 통로입니다. 그러므로 노래는 불법을 이해하고 또한 전법하는 데 중요한 방법이 될 수 있습니다. 불교에 있어 노래는 대체적으로 다음 여섯 가지의 특성이 있어 불법의 수행과 전법에 중요한 방법이 됩니다.

첫째는 믿음을 성장시킵니다.

둘째는 노래를 통해 기도를 심화합니다.

셋째는 가사에 담긴 법문을 깊이 이해합니다.

넷째는 모두와 함께 사는 공감대를 빨리 형성해 줍니다.

다섯째는 기쁨과 힘을 증대시켜 줍니다.

여섯째는 감정을 순화하고 감성의 평화와 순수를 드높입니다.

노래는 수행에 방해가 되지 않습니까?

모든 책이 다 이로운 것이 아닌 것처럼, 모든 노래가 다 수행을 방해하는 것은 아닙니다. 방종스런 욕망을 고무하거나, 방자한 감정 파동을 자극하는 노래이거나, 마음에 평화로운 감정을 해롭게 하는 노래 등은, 수행뿐만 아니라 일반적으로 인간에게 이로울 것이 못 됩니다. 그러나 감정을 순화하고 맑고 밝고 거룩한 심정을 가꾸는 음악은 우리 인간의 생명의 양식이 되기도 합니다.

음악의 아름다운 특성이 불교 수행에 해가 된다고 하는 것은 근거가 없습니다. 다만 수행자에게 감정을 방종하게 하는 노래는 유해합니다. 또 수행을 도외시하고 노래가 가지는 즐거움에 탐닉하는 것도 유해합니다.

그러나 부처님과 부처님의 덕을 찬양하고 믿음과 정진과 평화로운 진리의 경계를 우러러 찬양하는 노래는 수행에 방해가 될 리가 없습니다.

우리가 부를 노래는 이와 같은 성스러운 노래이며 우리의 마음을 열어주고 새 힘을 북돋워 주는 진리의 노래입니다. 대개 노래는 깊은 감성의 표현인 언어의 성격을 갖고 있습니다. 그래서 참된 노래를 부름으로써 감성의 조화를 이루게 됩니다. 노래를 금하면 그만큼 감정의 순화를 방해하게 됩니다.

원래 우리의 깊은 마음은 법성 진리입니다. 그렇다면 모름지기 밝고, 아름답고, 활기 넘치는 진리의 노래를 불러야 합니다. 밝은 노래에서 밝은 감정이 깃들고 심신과 환경이 밝아집니다.

또 한편으로는 노래가 가지는 의사 교류의 기능을 소홀히 할 수 없습니다. 일반 언어는 논리, 합리, 사유의 통로를 거쳐야 이해되지만 노래라는 감성의 언어는 그런 굴곡이 없이 깊은 감성에 직접 전달됩니다.

그렇다면 부처님의 가르침을 노래로써 전한다는 것은 좋은 전법 방법이 되고 수행에도 도움이 됩니다. 이 점을 생각한다면 불교에서 바른 노래가 크게 퍼져 나와야 할 것으로 생각합니다.

제
6
장

보시·전법

마음의 문을 열고 바라는 바 없이 베풀라.
진리의 문이 조건없이 활짝 열리며
공덕의 물결 또한 한없이 흘러 들어오리라.
정녕 보시는 주는 것이로되
실로 진리의 몸으로 사는 것이다.
전법하라.
자신의 믿음과 깨달음을 숨김없이 드러내는
전법이야말로 최상의 보시이다.
스스로의 지혜를 밝히고 믿음을 증장시키며
사회에 부처님의 공덕을 채우는 전법은
불국토를 건설하는 핵심적 행동이다.

보시는 무엇입니까?

보시는 베푼다는 뜻입니다.

재물을 베풀고 진리의 가르침을 베풀고 두려움을 덜어 주는 힘과 지혜를 베푸는 것입니다.

이 가운데 재물을 베푸는 것을 재시財施라고 합니다. 재시는 받는 사람에게 육체나 생활환경에 도움을 주지만 그것은 아무리 많다 하더라도 필경 유한有限할 수밖에 없습니다.

그러나 부처님 가르침을 전하는 법시法施는 진리의 생명을 깨닫게 하고 북돋우므로 그 공덕은 영원합니다. 그래서 법시를 재시보다 더욱 소중히 하는 것입니다.

그러나 법을 베풀어 깨달음에 이르게 하는 데는 많은 방법이 있고 거기에는 반드시 재물이 필요한 경우가 많습니다. 그래서 법을 전하고 깨달음을 돕기 위하여 베푸는 재물도 법시라고 할 수 있습니다.

보시는 재물이나 깨달음이나 혹은 힘을 베푸는 것이지만 베푼다는 것은 마음의 문을 여는 것입니다. 마음의 문을 엶으로써 진리와 막힘 없는 상태가 이룩되므로 베푸는 자는 도리어 큰 복을 얻게 됩니다.

그러므로 보시할 때는 아끼는 마음이 없어야 하고 바라는 바가 없어야 하며 조건이 없어야 합니다. 그럼으로써 진리의 문은 조건없이 활짝 열림 공덕의 물결이 또한 조건없이 한없이 흘러듭니다.

보시하는 자는 기쁜 마음이 따릅니다.

그것은 보시가 자신의 큰 생명을 움직인 것이며 주는 자와 받는 자의 사이에 있었던 개체個體 관념을 초월하여 큰 자기에 서 있기 때문입니다.

보시는 본질적으로 진리를 움직이는 행위입니다. 우리는 보시로써 진리를 현실적으로 발동시킵니다. 그러므로 보시 공덕을 닦으면 인격이 성장하며 큰 덕성과 깊은 환희가 그의 것이 되는 것입니다.

이렇게 살펴보면 보시는 주는 것이로되 실제로는 진리의 몸으로 사는 한 방법인 것을 알겠습니다.

●

보시는 어떻게 해야 합니까?

첫째는 기쁜 마음이어야 합니다.

둘째는 주는 물건이나 준 행위나 준 결과나 보시법에 대해서도 집착이 없어야 합니다.

셋째는 티 없는 자비심이어야 하고 타인이 알아주기를 바라지 않는 공심의 표현이어야 합니다.

넷째는 지혜로워야 합니다.

보시의 결과는 참으로 상대방의 고통을 덜어주고 마음을 깨달아 진실 생명 성장에 도움이 되는 것이어야 합니다.

만약 보시받은 사람이 게을러지거나 비굴해지거나 자기 능력을 계발할 생각을 포기하거나 진리에 대한 향상을 가로막는 보시라면 그것은 우치한 보시이며 자기 만족을 위한 보시입니다.

또 아까운 마음으로 보시하거나 보시한 뒤에도 빼앗긴 심정이 있으면 안 되며 보시했다는 상相을 가져서는 안 됩니다.

보시는 오직 지혜와 자비의 표현으로서 자연스런 자기 인격의 발로여야 하며 조건부 보시가 되거나 보상을 바라는 보시가 되거나 과보를 바라는 보시가 된다면 그것은 작은 보시가 되고 맙니다.

●

보시를 하면 천상에 난다고 하는 것은 무슨 뜻입니까?

보시는 아낌없이 베품으로써 탐욕심을 제거하게 됩니다.

대개 인간을 중심한 욕계천이나 그밖의 다른 생류들은 그 근본이 탐욕에 있는 것이며 탐욕의 집착 정도에 따라 그의 몸과 생활 환경을 얻고 있는 것입니다.

그러므로 보시를 행하여 탐욕심을 제하고 모두와 함께하는 따뜻한 심정과 너그러운 마음을 키워간다면 그것은 보다 진리에 가까운 마음 상태가 되어 있으므로 그만큼 지혜롭고 자유로운 자기와 환경을 실현하게 됩니다. 이 따뜻하고 너그러운 지혜의 마음이 욕계천 천인들의 마음 상태이며 생활의 바탕입니다.

보시함으로써 탐착을 제하고 진리의 문이 넓혀지니 천상이 그의 것이 되는 것은 이런 이유에서입니다.

자신의 마음이 바뀌므로 그 국토환경이 바뀌는 것입니다.

●

무주상 보시란 무엇입니까?

무주상이란 상에 머무름이 없다는 뜻인데 보시에 있어 상이란 대개 네 가지가 있습니다. 보시하였다고 생각하는 보시자와 보시를 받은 자와 보시한 물건과 보시하여서 이룩하였다는 공덕심입니다.

보시하는 사람은 이 네 가지에 집착이 없어야 합니다.

위에서 한 가지라도 집착하게 되면 한정이 있는 보시이므로 본연의 보시가 될 수 없습니다.

무주상 보시는 보시의 대소가 없습니다. 그러므로 그 공덕도 무한합니다.

보시는 모름지기 상이 없는 것이어야 합니다. 이와 같이 보시자와 받은 자와 보시한 물건에 상이 없는 것을 삼륜三輪이 청정한 보시라 합니다.

●

보시와 보살도의 관계는 어떠합니까?

보살도는 깨달은 마음을 쓰는 생활을 말합니다.

그런 생활을 닦아감으로써 마침내 순수한 깨달음인 참 자기를 회복하게 되는 것이니 이것이 성불입니다.

그런데 보살이 행하는 기본적인 덕목이 여섯 가지 있어 육바라밀이라 한 것은 이미 말한 바입니다.

보시는 육바라밀의 첫째입니다.

보시로서 보살은 보살도를 실천합니다.

보시를 제한 보살도는 공허합니다.

그래서 보시를 제일 바라밀이라 하는 것입니다.

●

보시는 얼마만큼 하여야 합니까?

보시는 진리 생명의 산 활동입니다.

범부의 대립상을 극복하고 모두와 함께하는 대자비의 실현입니다.

보시는 천상에 나기를 바라거나 자그마한 소망을 이루기 위해 하는 사람도 있겠지만 보시는 무한에 뿌리하고 있는 것이므로 마땅히 그 생명인 진리와 함께 영원한 것이 그 본체성입니다.

양적으로 한계를 두거나 시간적으로 기간을 두는 보시는 보시의 커다란 공덕을 감쇄하고 분단시키는 결과가 됩니다.

진리의 생명이 영원하듯 끝이 없고 한이 없는 지칠 줄 모르는 보시가 불자의 보시입니다.

●

전법이란 무엇입니까?

부처님의 진리의 말씀을 전해 주는 것이며 부처님의 진리 자체를 많은 사람에게 드러내 보이는 것입니다.

그렇게 함으로써 많은 사람들이 깨달으며, 깨달은 인연을 갖게 되고 참된 삶의 보람과 기쁨을 누리게 됩니다. 동시에 사회가 밝아지고 역사가 진리 실현의 역사로서 성스러운 의미를 갖게 됩니다.

전법은 또한 자신의 믿음과 깨달음을 숨김없이 드러내는 일이 되기도 합니다. 부처님의 밝은 가르침이 자신의 생명 본분임을 믿고 그 믿음에 따라 진리의 생활, 지혜의 생활, 밝은 생활, 부지런한 생활, 용기 있는 생활을 하는 것은 스스로 마음의 등을 밝히는 것이 됩니다.

이 밝은 마음의 등을 가정이나 이웃이나 사회에 널리 비추어 이르는 곳마다 밝게 하는 것이 전법의 본질입니다. 이렇게 함으로써 스스로의 지혜는 더욱 밝아지고 믿음은 증장하며 사회 둘레에 부처님의 공덕을 채우게 됩니다. 이렇게 하여 전법은 스스로와 이웃을 밝히고 사회와 국토를 건설하는 핵심적 행동이 되는 것입니다.

●

전법은 어떻게 하는 것입니까?
[四攝傳法]

전법은 상대방의 입장에 서고 그 성질과 능력의 차원에 들어가 그의 마음 그의 생활에 밝음과 기쁨을 얻게 하는 것이 근본입니다.

말을 바꾸면 상대방의 근기에 따라 그의 편이 되어서 부처님의 가르침을 알게 하는 것입니다.

그러므로 이런 근본 입장에 서서 전법하는 데는 방법이 있게 됩니다.

첫째는 저들의 행복을 기원하며,

둘째는 보시布施, 애어愛語, 이행利行, 동사同事로써 말없는 섭수행을 하며,

셋째는 그의 편을 따라서 괴로움을 없애 주고 어둠을 밝혀 주며 부처님 말씀을 알려 주는 것입니다

전법자의 기본 자세는 어떤 것입니까?

[傳法姿勢 七條]

전법자의 기본 자세로서 다음 일곱 가지를 들겠습니다.

첫째는 이 국토와 저 사람들이 진정 행복하기를 염원해야 합니다.

둘째는 모든 사람이 착한 사람이며 지혜있는 사람이며 고마운 사람이라고 관해야 합니다.

셋째는 견고한 인욕심이 있어야 합니다. 어떠한 실패나 고난이나 박해를 당하더라도 물러서지 않는 인욕심이 있어야 합니다.

넷째는 이 땅의 행복과 평화와 사람들의 행복을 기원하는 외에 따로 구하는 바가 없어야 합니다.

다섯째는 모든 사람들은 진리를 깨달을 사람이며 불국토를 이룩할 보살로서 이 땅에 태어나 자신과 생을 같이 하는 것이라는 깊은 신뢰를 가져야 합니다.

여섯째는 방편의 시설입니다. 일정한 격식에 얽매임이 없이 참으로 참되고 밝고 기쁘게 할 수 있는 방편을 끊임없이 계발해

새롭게 방법을 강구해 가는 것입니다.

일곱째는 끊임없는 정진입니다.

전법이 내 생명의 빛이며 그 산 표현임을 믿고 정진을 쉬지 않는 것입니다.

●

가정 전법에 특별한 방법이 있습니까?

첫째, 자기 가정에 대한 전법을 말하겠습니다.

자기 가정 전법은 말없는 것을 시작으로 삼습니다.

부처님 가르침에 따라 수행하며 밝고 기쁘고 보다 성실하고 부지런히 효와 우애를 더하며 맡은 바 과업에 최선의 향상을 기하는 것입니다. 이러한 무언의 전법 조건을 행하지 않고는 가정의 전법은 불가능합니다.

둘째는 이웃에 대한 전법입니다.

앞서 말한 사섭법을 성실히 행하며 특히 고난을 당했을 때 청하지 않아도 벗이 되어 진정한 마음으로 외로움을 나누고 어려움을 나누는 생활이어야 합니다.

전법은 이와 같은 섭수 방법과 함께 행하여야 합니다.

●

사회의 전법은 어떻게 합니까?

사회 전법에는 평소에 사회 공공 일에 최선을 다하는 마음가짐이어야 합니다.

그리고 사회적 활동이나 단체사업에 적극 참여하고 남이 어려워하고 피하는 일이라면 자진하여 책임을 자담하고 나서며, 자기가 처한 사회에서 어느 때나 주도적 역할을 다해야 합니다.

그러나 스스로가 행한 공은 반드시 대중이나 이웃에 돌리고 스스로는 결코 복덕을 바라지 않는, 참으로 겸허하여 보이지 않는 활동 자세를 견지해야 합니다.

전법은 불법을 깨달아 자신의 안목이 밝고 능력을 갖춘 연후에 하여야 하지 않겠습니까?

그 말씀은 참으로 지당합니다. 그것이 부처님 법문이 열리기 전이라면 더욱 그렇습니다. 그러나 부처님 법문이 열리고 우리가 그 말씀을 따라 수행할 수 있는 지금에는 치우친 견해가 됩니다.

여러 경전에 말씀하신 부처님의 말씀은 부처님 특유의 법을 말씀하신 것이 아니라 경의 말씀 그대로 일체 중생의 진면목을 밝히고 진여 실상을 말씀하신 것입니다. 동시에 경전마다 남을 위해 설해 주라 하신 말씀은 어떤 특정인에게 부촉한 것은 아닙니다.

우리는 수행하여 깨달음으로써 부처님의 말씀을 의심하지 않으며, 또한 부처님의 말씀을 깊이 믿음으로써 역시 부처님 진리를 의심하지 않습니다.

부처님 법을 깨달은 연후에야 부처님 말씀을 전하겠다 하는 것은 믿음이 깨달음에 준한다는 점에 이해가 부족한 것이라 생각합니다.

또한 수행은 부처님 말씀을 말씀대로 행하는 것입니다. 거기에는 좌선일 때도 있고 보살도의 실천일 때도 있습니다.

그 모두가 수행입니다. 그래서 고인은 이르기를 스스로도 이롭고 남도 이롭게 함은 수레의 두 바퀴와 같다고 했습니다. 만약 전법을 깨닫지 못한 자의 망동이라고 한다면 그 말은 부처님 말씀을 오해한 것이라 생각합니다.

전법은 믿음의 실천이며 믿음은 수행이며 깨달음에 이르는 큰 길임을 알아야 합니다. 만약 전법이 수행이 아니라고 한다면 그것은 부처님 말씀을 외면하고 불자의 본분을 망각한 망견이라 하겠습니다.

제
7
장

생활

'나는 무엇인가? 무엇을 위해 사는 것인가?
어떻게 살 것인가?'
생의 뿌리에서 물어오는
근원적 질문들에 부처님께서는
참으로 사는 길을 확연히 열어 보이셨다.
불교는 필경 생명의 길이며
일체를 세우고 허망을 깨뜨리는 길이다.
참으로 깊고 아름다운 불자들의 생활은
자신을 맑히고 이웃을 밝히고 국토를 밝힌다.

절

●

절이란 어떤 곳입니까?

절은 부처님 법으로 세상을 밝히고 세상 사람들의 든든한 의지처가 되며 바른 길을 가르치는 곳입니다. 그리고 세상 사람을 도와서 지혜가 나게 하고, 세상 사람이 참되고 세상이 번영하는 일을 돕는 곳이라 하겠습니다.

그것은 절에 부처님의 위없는 가르침을 받아서 이 세상의 거짓되고 어둡고 어지러운 것을 밝혀주는 스님들이 계시기 때문입니다. 스님들은 부처님께서 가르치신 바 진리의 길을 몸소 행하시면서 세상 사람을 진리의 길로 인도하고 세상에 참된 법을 펴기 위하여 많은 공부를 하십니다.

그래서 절은 부처님을 모시고 부처님의 가르침을 받드는 스님과 불교 믿는 사람이 공부하는 곳이기도 합니다.

절을 아란야阿蘭若라도고 하는데 이것은 고요한 곳이라는 뜻입니다. 모든 번뇌가 쉰, 맑고 고요한 마음으로 사는 사람들이 머무는 곳이기 때문입니다. 절이 이와 같은 기능을 가지고 있으므로 자연 거기에는 여러 가지 시설과 사업이 따릅니다.

첫째 부처님 존상을 모시고 부처님의 거룩한 은덕을 우러러 보게 하며 그 앞에서 신앙 수행을 할 수 있는 법당이 있습니다. 또 스님들이 경을 배우고 염불하며 참선하는 강원, 염불당 또는 선방이 있습니다. 또 많은 사람을 모아서 깨우치고 바르게 사는 법을 가르치는 강당이 있습니다.

그밖에 도시에 있는 절은 사회 사람들에게 필요한 교육을 돕는 시설이 있고 어린이나 청소년을 바르게 인도하는 교화 시설도 갖추게 됩니다.

그밖에 절에는 절에 머무는 스님들과 왕래하는 사람들이 편히 쉬고 식사를 할 수 있는 시설도 있습니다. 절은 이러한 시설을 가지고 거기 머무시는 거룩한 스님들이 세상에 바른 법을 펴고 이 세상에 진리가 오래 머물며 모든 중생들이 깨달음의 길로 나아가도록 온갖 사업을 하는 곳입니다.

이밖에 절은 오늘날 또 하나의 의미를 가지고 있습니다.

그것은 우리나라가 자랑스러운 문화 민족임을 증거하는 귀중한 문화재를 간직하고 있다는 점입니다. 또한 아름다운 경치와 잘 조화된 가람의 경관은 나라의 커다란 관광 자원으로서 큰 몫을 하고 있습니다. 이들 문화재는 스님들과 신도들의 뜨거운 신앙으로써 이루어진 것이고 아름다운 경관 또한 오랜 세월 동안 불자들의 노력으로 이룩되고 보존되어 오늘에 이르렀습니다.

그리고 미래로 두고두고 우리 겨레의 긍지를 심어 주고 국민의 마음을 밝히고 줄기찬 조국 정신을 키워줄 터전이 될 것입니다.

●

절에 갈 때 알아둘 예법은 어떤 것이 있
습니까?

절은 아시는 바와 같이 성인을 모시고 거룩한 법이 머무는 신성
한 지역입니다. 절을 찾을 때는 먼저 경건한 마음으로 몸과 마음
을 단정히 하여야 합니다. 절에 들어갈 때는 거룩한 도량에 왔다
는 마음이 꼭 있어야 합니다.

절이 개방된 곳이라면 곧바로 개방된 범위 내를 찾아가 참배
하되 그밖의 경우에는 반드시 스님을 찾아가 물어서 행동하여야
합니다. 왜냐하면 절의 시설과 그 운영 방법은 고래로 법도 있게
전해 내려오는 규범이 있기 때문입니다.

절에 특별한 일이 있어 왔을 때는 물론 주장하는 스님을 찾아
온 뜻을 말하겠지만 반드시 먼저 합장하고 절을 합니다.

법문을 청할 때는 세 번 절하고 스님께서 청법을 허락하실 때
에 한하고 무리하게 청법하면 안 됩니다. 스님들은 수행하는 시간
이 따로 있기 때문에 그를 존중하기 위해서입니다.

절은 부처님의 법이 머무는 곳이라고도 할 수 있으므로 절을

찾았을 때는 반드시 염불 일구라도 배우고 또한 독경 또는 예경
하고 수행하고 오는 것이 기본 예법입니다.

●

합장하는 것은 무슨 뜻이 있습니까?

합장은 두 손바닥을 중심으로 합하고 다섯 손가락을 반듯이 펴고 합친 손을 가슴 앞에 반듯이 세운 자세를 말합니다.

두 손을 합하고 두 손바닥 중심이 하나를 이루면서 우리는 어지러운 마음을 쉬고 맑은 마음이 됩니다. 고요한 마음이 됩니다. 이 맑고 고요한 한 마음으로 두 손을 합한 자세에서는 큰 힘이 나타나게 됩니다.

첫째, 맑은 한마음에서 모든 부처님과 나 사이의 장벽이 없어집니다. 그 사이를 가로막던 번뇌가 없기 때문입니다. 그래서 성인의 말씀을 바르게 듣고 이해할 수 있게 됩니다.

둘째, 모든 중생들과 대립이 없어집니다. 분별심이 끊겼기 때문입니다. 그래서 모든 중생과 평등하게 한마음이 됩니다. 그래서 서로의 대립 없고 원망 없고 불평 없는 따뜻한 하나가 됩니다.

셋째, 이와 같이 합장한 자세에서 맑은 하나의 마음을 쓸 때 거기에는 놀라운 힘을 발휘하게 되는 것이니 그것은 청정한 법의 힘이 나타나기 때문입니다.

그래서 불법을 수행하는 데는 원칙적으로 어느 때나 합장하고 예경하고 염불하며 수행합니다. 절에 가면 서로의 인사가 합장입니다. 합장해서 저와 내가 둘이 아니며 부처님의 법으로 하나가 되었음을 나타냅니다. 동시에 합장으로 나의 진정을 말하게 되고 상대방의 말을 또한 그대로 내 마음에서 받게 되는 지극한 존경이 있습니다. 참으로 깊고 아름다운 합장 생활입니다.

●

부처님께 향을 올리는 뜻은 무엇입니까?

우리들이 부처님 앞에 향을 사르고 합장하고 섰을 때를 생각해 보십시오. 향의 연기가 나의 맑고 곱고 지성한 뜻을 표해 주는 것 같지 않습니까? 참으로 향은 그런 뜻이 있습니다. 향은 자기 몸을 사루어서 향의 연기와 맑은 향기를 풍깁니다. 이 몸, 이 마음, 이 정성을 다 바친 우리의 정성스런 마음을 잘도 표현해 줍니다.

그리고 향은 그 향기를 눈으로 볼 수 없습니다. 비록 형상은 없어도 먼 곳까지 훈훈히 풍깁니다. 우리의 정성을 향이 싣고서 우리의 마음이 향하는 곳에 이르고 그곳에 가득히 우리의 뜻을 펴 줍니다.

또 향은 끊일 사이가 없습니다. 그 향이 다 타도록 끊임없이 향연香煙을 풍깁니다. 우리의 끊임없는 우러름과 정성과 부처님에 대한 찬탄의 마음을 표현해 주고 있으며 끊임없는 기원을 나타내고 있습니다.

향에 이런 뜻이 담겨 있으므로 우리의 기원도 수행도 향을 떠나기 어려우며 우리는 자연 고귀한 향을 골라서 공양하는 것입니다

불공이란 어떤 것입니까?

불공이란 부처님께 공양 올린다는 뜻입니다.

부처님께 공양을 올린다는 뜻은 부처님이 시장하시거나 가난하기 때문에 부처님을 동정하여 올리는 것이 아님은 말할 것도 없습니다.

그렇다면 왜 불공을 하는 것이겠습니까?

부처님은 만덕의 근원이시고 온갖 지혜와 무량한 복덕이 한정이 없으셔서 모든 중생에게 베푸십니다. 모든 중생에게 끊임없이 은덕을 베푸시니 그것은 지혜일 때도 있고 힘일 때도 있고 재물일 때도 있습니다.

부처님의 그런 은덕은 우리가 구하지 않아도 부처님께서는 먼저 주고 계십니다. 그런데도 우리는 그것을 모릅니다. 그리고서 어리석고 가난하고 고통스러운 생활을 하는 것입니다. 그 까닭은 우리들이 미혹하여 지혜를 잃고 집착하여 복덕을 잃었기 때문입니다.

불공을 드리는 것은 부처님을 존경하고 원을 세우며 우리의 애착을 떼는 것입니다. 어리석은 집착을 버리는 것입니다.

그러므로 부처님 앞에 맑은 마음이 되어 큰 원을 세우고서 정성을 다 바쳐 여러 가지 공양구로 공양하게 됩니다. 꽃 공양, 향 공양, 차[茶] 공양, 의복 공양, 음악 공양, 등燈 공양 등 온갖 미묘한 것을 수미산처럼 또는 바다처럼 올려도 오히려 부족한 마음으로 공양 올리게 됩니다. 이것은 앞서 말한 바와 같이 우리의 집착과 애착을 놓음으로써 부처님의 한량없는 복덕이 나에게 충만하도록 하기 위해서입니다.

그러므로 불공하는 사람은 오직 정성을 다 바쳐 공양 올릴 뿐입니다. 그 결과 복덕을 바라거나 천당에 가서 나기를 바라거나 보상을 바라는 마음이 있으면 그 공양은 적은 공양이 되고 맙니다. 그래서 공양은 구하는 바 없이, 공양한 생각없이 행하는 것이 최상의 공양이라고 한 것입니다.

공양은 이것이 큰 복덕의 문을 여는 지혜 있는 행입니다. 복덕의 강물을 가로막고 있는 장애물을 털어버리는 용기있는 행입니다. 불공을 올림으로써 내 마음의 문을 활짝 열어 부처님의 한량없는 공덕 세계와 하나로 통하는 것입니다.

불공에는 앞서 말한 물건이나 음악으로 공양할 수도 있지만 그밖에 법공양이 있습니다. 부처님의 말씀을 수행하며 중생을 이롭게 하며 저들을 도와서 성취시키며 이 세상에 불법이 오래가도록 많은 수행을 하는 것이 법공양입니다.

이 법공양은 불공 가운데 참으로 큰 공양입니다. 미혹을 깨뜨려 지혜를 밝히기 때문입니다. 부처님께서는 법공양의 공덕이 한량없음을 말씀하셨습니다.

불공하는 데는 반드시 귀의, 예경, 찬탄, 참회, 염불, 발원 등 수행이 따르게 됩니다. 우리들은 힘써 불공을 올려 복을 닦고 법공양을 행하며 지혜를 닦아 성불 공덕을 이룩하여야 하겠습니다.

●

불공 드리면서 복을 바라는 것은 잘못입니까?

이미 말한 바와 같이 불공은 탐심을 버리고 마음을 닦아 복덕의 문을 여는 행위입니다. 부처님의 자비하신 복덕의 물줄기가 막힘 없이 흘러오도록 막힌 것을 털어버리는 행위가 불공입니다. 불공으로 없어지는 것은 탐착심이고 얻는 것은 복덕입니다.

그러니 복덕은 구하지 않아도 오는 것입니다. 우리는 불공하면서 자기 소망이 아무리 큰 것이라 하더라도 부처님께서는 참된 소망은 당신의 원력으로 이룩해 주신다는 점을 믿고 감사해야 합니다. 기뻐하여야 하겠습니다. 만약 복을 바라되 그것이 참된 소망이 되지 못한 것이라면 이룰 수가 없습니다.

다만 일심으로 기도할 때 새로운 가르침을 얻게 됩니다.

대개 복을 얻는 기도는 자기 개혁에 의한 창조행이 따릅니다. 그러므로 복을 구하는 기도는 훌륭한 수행이 됩니다.

영혼

사람이 죽은 뒤에 영혼이 있는 것입니까?

사람을 육체로만 관찰할 때는 사후에는 아무 것도 없는 듯이 보입니다. 그러나 사람의 육체라 하는 것은 중생의 미혹한 마음 상태의 표현이고 보면 육체가 비록 없어졌다 하여도 미혹한 상태는 있을 수 있는 것입니다. 또한 미혹하였다고 말할 때는 당연히 미혹하지 아니한 본래 상태도 있는 것입니다.

그러므로 미혹을 깨뜨리지 못하고 죽었을 때 미혹한 상태인 망령된 식[마음]이 남게 됩니다.

그러나 이 미혹한 영식靈識도 미혹으로 있는 것이므로 미혹하지 아니한 본래의 입장에서 보면 실로는 없는 것입니다.

그렇건만 범부들은 미혹하여 미혹한 상태에 집착하고 있어서 역시 미혹 중생으로서는 미혹한 상태인 이른바 사후 영혼이 분명히 있습니다.

그래서 미혹한 정도와 내용에 따라서 새로운 미혹 세계를 받고 미혹된 몸을 받습니다. 이것이 윤회輪廻입니다.

범부들의 일상생활이 미혹 상태 생활이므로 우리 인간도 한 편에서 보면 미혹한 영혼의 생활입니다.생전이냐 생후냐 하는 차이는 오직 육체를 보느냐 안 보느냐의 차이뿐입니다.

그렇다면 인간은 미혹 상태에서는 죽어서 죽는 것이 아니고 깨달은 상태에서도 결코 죽음이 없는 영원한 삶이라 할 것입니다.

불교에서는 영혼을 식識, 중유中有, 중음中陰 등으로 부르고 있음은 앞서 말한 바입니다.

조상천도

돌아가신 조상을 천도하는 것은 그 뜻이 무엇입니까?

우리들은 세상에 나면서 부모님과 조상님과 함께 있는 것이 깊은 생명의 상태입니다. 어느 때라도 조상과 후손과는 마음의 연결이 있습니다. 그것은 인연과 애정 때문입니다. 그러므로 이 점을 생각한다면 돌아가신 조상도 후손을 잊기 어렵고 자손 또한 돌아가시니 조상을 생각하는 것은 당연합니다.

위에서 조상의 몸은 비록 죽어도 미혹한 상태의 영혼은 그냥 있다 하였습니다. 그렇다면 자손은 조상에 대하여 사후에도 공경과 이바지를 하여야 마땅하고 조상 또한 살아 있는 자손을 돕고자 하며 또 괴로운 일을 호소하는 것도 당연하다고 하겠습니다.

이 점에서 본다면 우리는 어떻게 하든지 조상을 공경하고 조상에게 도움이 되는 일을 하여야 하겠습니다.

이 조상을 돕는 일이 천도입니다. 천도는 어떻게 하는가 하면 조상에게 깨닫는 법문을 열어주어 미혹한 마음을 돌려 깨치게 하고 독경 또는 염불 수행하여 그 마음을 맑고 밝게 하여 부처님과 많은 성인에게 공양하고 널리 불사를 지어 부처님의 가호력을 구하고 복덕을 짓는 것입니다.

이렇게 되면 미혹한 조상이 보다 밝은 마음으로 돌아가고 미혹과 집착을 버려 법성 공덕이 드러나므로, 괴로움을 여의고 즐거움으로 나아갈 수 있는 것입니다.

조상이 괴로움에서 벗어난다는 사실만으로도 참으로 값있는 일입니다만 그밖에 천도는 또 하나의 공덕이 있습니다.

그것은 조상의 마음이 밝아지고 고통에서 벗어남으로써 그 후손이 또한 덕을 입는다는 것입니다. 대개 조상이 미혹하여 고통을 받고 방황하게 되면 그 영향이 인연 있는 후손에게 미치게 됩니다. 서로 깊은 인연이 있어 감응하기 때문입니다.

조상의 고통과 불안은 후손에게 좋지 않은 영향을 줄 수 있으므로 후손의 평화를 위하여서도 조상이 미혹을 버리고 밝은 세계에 안주할 수 있도록 천도하는 것이 바람직하다 하겠습니다.

욕심

세속에서 살자니 욕심을 버릴 수가 없습니다. 욕심은 나쁜 것입니까?

우리들은 살아 있는 생명입니다. 살고자 하는 욕심은 본질적인 것입니다. 다만 우리들이 미혹하여 경계를 집착하고 그 속에서 좋고 나쁜 것을 분별하고 다시 그 속에서 좋은 것을 탐착하고 애갈심을 쉬지 않으므로 미혹은 깊어집니다.

그러나 욕심의 근원인 탐심이라 하는 것은 이것이 일향 나쁜 것이라고는 할 수 없습니다. 탐貪은 우리 마음속에 깃든 힘의 한 형태라 할 것입니다. 그렇다면 욕심은 없애느니보다는 크게 발휘하는 것이 좋을 것입니다.

다만 욕심을 모두와 함께하는 마음의 진리대로 쓴다면 좋은 것이지만 남과 나를 구별하여 남에게 해로운 것도 불구하고 욕심을 부리면 나와 남이 함께 손해를 보는 것이므로 극히 조심하여야 하겠습니다. 남을 해롭게 하지 아니하고 내가 잘된다 하는 것은 실제로는 남을 돕는 일이 되는 것입니다. 올바른 욕심을 크게 일으켜 성공하는 것이 바람직합니다.

불자로서 부자가 되어도 괜찮습니까?

부자가 부정행위를 해서 축재하는 것은 말할 나위 없이 있을 수 없는 일이지만 부자가 된다는 것은 일반적으로 훌륭한 일이라 하겠습니다.

부자가 되자면 어떠한 방법으로든 이웃과 사회에 편리와 도움을 주지 않고는 될 수 없는 것이기 때문입니다.

끊임없이 연구하고 부지런히 일하며 근검 생활을 하고 그밖에 사회에 보다 많은 편익과 봉사할 방법을 개척하고 나아가지 않으면 건전한 부자가 될 수 없는 것입니다.

이런 점에서 건전한 부는 노력과 사회 기여의 한 표시라고도 볼 수 있습니다.

부자는 죄가 아닌 것입니다.

그렇게 부를 축적함으로써 국민경제가 살찌고 사회에 새로운 일을 만들어낼 터전이 이루어지는 것입니다.

불자로서 부자가 되는 것은 옳은 일이라 하겠으나 모은 재산을 쓰는 데 있어서는 각별히 유의하여야 합니다.

자기가 가진 재산은 공공성을 가지고 있다는 점을 깨달아 함부로 낭비하지 말아야 하며 경제 질서에 따라 건전하게 관리하여야 하며 국가와 사회에 기여할 수 있는 방향으로 활용되어야 합니다.

중생을 위하여 재산을 소유하고, 중생을 위하여 재산을 사용한다는 말은 이 뜻입니다.

●

가정은 어떤 의의가 있는 것입니까?

첫째, 가정은 인간으로서 성장하고 보다 향상된 인격으로 성숙하기 위한 기초적인 터전입니다.

우리는 가정에서 기초적인 인간 성장과 인격 성장을 도모합니다. 거기에는 부모님과 형제와 조상과 함께하면서 인간이 가져야 할 품격을 이룩해 가는 것입니다.

둘째, 사회와 인류에게 봉사하는 기초적 수행 장소입니다. 존중하고 받들고 사랑하며 조건없이 베풀고 돕는 기본적인 보살의 생활을 배우는 곳입니다.

가정에서 형제와 부모를 만나고 부모와 조상을 통해 많은 일가 친척과 이웃과 연결됩니다. 이 사회에서 존경과 봉사로 책임을 다하는 보살의 수행을 가정에서 배웁니다.

셋째, 영원한 집을 이어갑니다. 집은 가족에 의해 형성되고 가족의 연속에 의해 집의 영원성을 지켜가는 것입니다.

넷째, 가정은 최상의 교육장입니다. 인간이 성장한 후에는 사회적 교육시설을 통해 많은 지식과 기능을 배웁니다. 그러나 인간의 깊은 지혜, 능력, 자질, 품격 등은 성장 이후의 학교 교육보다 유아기의 가정교육에서 이루어지는 것입니다.

진리의 가르침에 기초한 훌륭한 가정에서 재능과 인격의 원만한 성장을 기대할 수 있으며 유아기의 가정환경이나 정신 환경이 어둡고 불안할 때 인간은 회복될 수 없는 중대한 손실을 입게 되고 그 결과는 국력의 소장消長과 세계평화와도 깊은 관련을 갖게 됩니다.

●

불자의 가정 교육은 어찌하여야 합니까?

첫째, 매사에 부처님의 크신 자비를 생각합니다. 그리하여 어느 때나 감사를 잊지 않습니다. 그리고 조상의 은덕이 크다는 것을 항상 생각합니다. 존경과 공경을 조상께 바치도록 모든 생활에서 익혀 나갑니다. 조상을 위해 독경, 염불하며 제사 공양을 잊지 않고 일상생활에서 조상의 은덕을 생각합니다.

둘째, 부모님을 부처님처럼 받듭니다. 집안의 모든 일이 부처님의 은혜 속에 이루어져 가는 것을 믿으며 그 부처님의 크신 은혜는 부모님을 통해 흘러나옴을 믿습니다.

셋째, 형제와 이웃을 부처님께서 나를 감싸고 은혜로우신 힘으로 돕기 위해 보내 주신 보살로 생각합니다. 그래서 존경하고 받들며 정성 모아 이바지합니다.

넷째, 어린 자녀들을, 부처님께서 주신 크신 은덕이라고 생각합니다. 한없는 복덕과 지혜와 희망과 영광이 아기와 함께 집안에 태어납니다. 그러므로 자녀들이 지극히 높은 덕성과 아름답고 밝은 지혜와 큰 복을 가지고 태어난 것을 믿으며 사랑하고 존중하며 키웁니다.

다섯째, 불자의 가정교육에서 가장 특징적인 것은 유아 교육의 존중입니다. 갓난아기에게 부처님의 명호를 들려주며 자주 염불 소리를 들려줍니다. 또한 항상 밝고 따뜻한 기쁜 환경을 만들어 줍니다. 그리고 아기의 환경에서 평화롭고 희망적이며 적극적이고 성공적인 이야기들을 들려줍니다. 이렇게 하여 아기의 깊은 마음속에 진리와 평화와 소망과 지혜를 심어 주고 그 밖의 거친 언행이 침범하지 않도록 보호하는 것입니다.

여섯째, 세상을 긍정적이고 희망적이며 꿈이 실린 아름다운 세계로 보고 모든 이웃을 착하고 훌륭한 사람으로 존경하게 합니다. 그리하여 세계를 희망과 꿈을 키울 마당으로 생각하게 하며 역사는 무한한 번영이 약속된 세계로 보게 합니다.

불자의 효도는 어떤 것입니까?

불자의 효를 몇 가지 단계를 들어 말씀드리겠습니다.

첫째, 부모님의 마음을 편안하게 하여 근심 걱정을 없애 드리는 것입니다. 여기에는 자손된 사람으로서 몸 건강한 것도 중요한 효입니다.

둘째, 부모님의 몸을 편하게 모시는 일입니다. 의식주 환경에 불편이 없게 돌봐 드리고 건강 조건에 부족없이 살펴드리는 것입니다.

셋째, 부모님의 소망을 이루어드리는 일입니다. 부모님의 소망은 여러 가지가 있겠지만 자손으로서 이루어드릴 수 있는 것은 모두 받드는 것입니다.

넷째, 자손된 사람이 가업에 성실하고 사회에 덕망이 있으며 국가에 충성하여 사회 속에 훌륭한 인재로 성장함으로써 자손을 통하여 부모님의 뜻을 더욱 확충시키고 성공의 성과를 부모님이 느끼게 하는 것입니다.

조상의 영광이 곧 자손의 영광이듯이 자손의 영광이 조상의 영광으로 느껴지게 되는 것입니다.

다섯째, 부모님에게 불법 인연을 맺어드리는 것입니다.

삼보를 믿게 하고 오계를 받게 하며 경전을 출판하고 부모님의 공덕을 닦도록 도와드리는 것입니다.

여섯째, 조상에 대한 사후 공경입니다. 부모님의 육신은 멸하였더라도 부모님의 영신靈身은 불멸입니다. 살아 계실 때는 부모님 영신이 육체라는 의상을 입었을 뿐이므로 의복을 벗었다고 하여 사람이 없는 것이 아닙니다. 그리하여 사후에도 영신으로 살아 계신 것을 믿고 공경하는 마음을 잊지 않는 것입니다. 조상님을 위하여 염불 독경하고 부처님께 기원하며 불공을 드리고 또한 정성스러운 제사를 받느는 것입니다.

불자의 효도는 세간의 효도와 무엇이 다른가를 살펴보면 근본적으로 인간 관계에 차이가 있습니다. 세간에서는 부모님을 육체 중심으로 보고 공경합니다. 그래서 그 공경도 육체적 봉양에 시종합니다. 그러나 불자의 효는 부모님을 법신 공덕을 회복하여 대해탈을 이루는 법성신法性身으로 생각합니다. 부모님을 존경하되 신체적 정신적으로 평화스러운 환경을 지켜드리는 데 그치지 않고, 깨달음의 길로 인도하여 드리고, 나아가 부처님의 가호력이 원만히 드러나 불멸의 해탈을 이루어 열반락을 누리게 하는 것입니다.

부모님을 복이 오는 근원으로 생각하고 집안의 부처님으로 받들어 섬기는 불자의 효는 여기에 연유하는 것입니다.

●

불자의 교육이념은 무엇입니까?

첫째, 인간 자신이 지극히 거룩한 가치와 덕성을 지닌 고귀한 진리 주체임을 자각하게 하는 일입니다. 자신의 신성에 대한 자각과 긍지와 자신이 중요합니다.

둘째, 크나큰 지혜와 능력과 아름다운 덕성이 갖추어져 있는 것을 확신하게 하는 일입니다. 그래서 어떤 경우라도 밝고 희망차며 좌절을 모르는 용기있는 자아를 가꾸어 가게 합니다.

셋째, 끊임없는 노력으로 자신에 깃든 아름다운 덕성과 뛰어난 가치와 창조적인 힘을 발휘하게 합니다. 끊임없이 활기찬 행동으로 자신이 타고난 큰 역량을 발휘하도록 하는 것입니다.

넷째, 자신이 개인이 아니라 모두와 함께하는 크고 넓은 인격인 것을 깨닫게 하고 공동 생활과 협동과 책임을 일깨워주는 일입니다.

상호를 보거나 지리를 보아 운명적인 길흉화복을 말하는 것을 믿어야 합니까?

대개 사람의 표정은 마음 상태에 따라 바뀝니다. 얼굴의 윤곽이나 신체의 특징도 마음 씀씀이와 활동하는 방법에 따라 바뀌어 갑니다.

그렇다면 얼굴과 표정으로 그 사람의 성격이나 과거 행위의 누적 상황을 알 수도 있을 것입니다. 그러나 사람의 주인공은 성품이며 성품을 나타내 쓰는 것이 마음과 생각입니다.

얼굴 윤곽과 표정은 그 결과이므로 우리는 끊임없이 주인공인 마음을 바르게 운용해 자기 생활을 개척하고 빛나는 생애를 이룩해 가는 것입니다.

범부를 고쳐 성인이 되고, 무지와 겁약을 돌려 지혜와 용기를 가꾸어 가는 불자로서는 운명적인 얼굴이나 표정에 관심 둘 것이 못 됩니다. 오히려 끊임없이 창조적인 힘을 발휘해 자기와 환경을 값있고 아름답게 꾸며나가야 합니다.

이 점에 있어서는 지리나 방위에 대해서도 마찬가지입니다.

우리는 자연환경 조건에 많은 영향을 받고 살지만 환경, 지리 등 자연 조건을 활용해 도리어 독자적인 자기 세계를 건설해가는 것이 인간의 특성입니다.

그래서 부처님께서는 관상이나 지리를 보며 운명과 길흉을 말하는 것을 금하셨습니다.

삼장三長 육재일六齋日이란 무엇입니까?

먼저 삼장재월三長齋月을 말씀드리면 일년 중 1월, 5월, 9월 세 달은 1일부터 15일까지 특별히 재계를 지키는 것을 말합니다.

재계를 지킨다 함은 오후에 먹지 아니하고 나쁜 생각을 일으키지 아니하며 말을 삼가서 착한 말을 하고 살생 등 나쁜 행을 일체 금하며 염불 수행에 힘쓰는 것을 말합니다.

종래 일러오기를 이 3개월은 제석천왕이 인간계를 비추어 보고 선과 악을 특별히 관찰한다고 합니다. 또 비사문천왕이 인간계를 순행하면서 선악을 살핀다고 전해지고 있습니다. 옛부터 이 기간에는 나라에서도 도살을 금하고 소식蔬食을 하며 독경을 하였다고 합니다.

또 육재일이라 함은 매달의 8, 14, 15, 23, 29, 30의 6일을 말합니다. 이 6일은 사천왕이 천하를 순행하며 사람의 선악을 살피고 또는 악귀가 사람 마음의 틈을 엿보는 날이라 합니다.

그래서 이 날에는 사람마다 몸조심하고 마음을 깨끗이 하며 계를 갖도록 힘쓰는 것입니다.

우리들은 세간에 살면서 출가한 스님들처럼 항상 재계를 지키지는 못합니다. 비록 그러하나 한 달에 6일을 정해 놓고 특별히 재계를 지키며 또한 일 년 중 15일간씩 3차례를 특별히 수행에 힘쓴다 함은 재가 수행으로서 참으로 의의깊은 일이라 하겠습니다.

이와 같이 재일을 지키는 날은 6재 이외에 10재十齋가 있어서 우리나라에 널리 행해지고 있습니다. 10재는 매달 10일을 정하여 재계를 가지며 수행하는 날인데, 1일은 정광여래定光如來재일이고, 8일은 약사藥師재일이며, 14일은 현겁천불賢劫千佛재일이고, 15일은 미타彌陀재일, 18일은 지장地藏재일, 23일은 대세지보살大勢至菩薩재일, 24일은 관음觀音재일, 28일은 노사나불盧舍那佛재일, 29일은 약왕보살藥王菩薩재일, 30일은 석가모니불釋迦牟尼佛재일이라고 하고 있습니다.

기도

기도는 우리가 본래 갖고 있는
청정자성, 즉 공덕이
구족하고 조화스럽고 평화스럽고
환희와 감사만 가득한 이 본래의
자성공덕을 나타내는 작법이다.
망념을 버리고
부처님을 믿고 일심 기도할 때
일체 악한 그림자는 사라지고
밝음이 찾아들며
기쁨과 건강이 솟아난다.
일체의 성취를 이룬다.

●

기도하는 사람은 마음 약한 사람이 안
이한 해결을 바라거나 요행을 바라고
하는 것이 아닙니까?

그런 말은 신앙을 모르고 기도를 모르고 진리와 자기 자신에 어
두운 사람들이나 하는 말입니다.

기도는 가장 지혜롭고 창조적 열의에 찬 사람이 살아가는 생
활방법입니다.

●

기도는 어려운 일을 당해 자기 힘이나
상식적 방법으로 해결하기 어려울 때
절대자의 힘에 의지함으로써 요행을
바라거나 정신의 안정과 의지를 키워
가는 한 방법이 아닙니까?

그런 말은 진리에 어두운 사람이나 하는 말입니다.

기도는 생활을 진리로서 펴나가는 창조적 수단이며 지혜로운
행동입니다. 그러므로 지혜 있는 사람은 어려울 때나 쉬운 일이나
어느 때나 기도가 앞에 있게 마련입니다.

마음의 안정을 얻고 의지의 힘을 기르는 수단이 아니라 생활
을 진리로써 펴 나가므로 거기에 자연히 안정과 자신과 용기가
함께 있게 됩니다.

● 기도를 하자면 기본적인 마음가짐이라
는 것이 있습니까?

있습니다.

자세한 것은 차차 말하겠지만 첫째 따뜻한 심정, 너그러운 마음 즉 자비심입니다.

다른 사람을 적어도 자기와 같고 행복할 사람이라고 생각하는 따뜻한 마음이 기도하는 사람의 마음 바탕입니다.

기도와 욕망

사람은 온갖 욕망으로 삽니다. 기도는
이런 욕망을 버리라는 말입니까?

우리들의 욕망은 좋은 욕망도 있고 자기를 해치는 나쁜 욕망도
있습니다. 알고 보면 욕망 자체는 선도 아니며 악도 아닙니다. 일
체를 이루게 하는 동력이라 할 것입니다. 그러므로 우리는 참된
욕망을 긍정하고 키워가야 합니다.

기도는 욕망을 정화해 진리의 싹으로 뿌리를 내리게 하며 진
리의 행복을 우리 생활 위에 나타나게 합니다.

대개 우리의 욕망을 정리해 보면

첫째 자기 생명의 안정과 성숙의 욕망이며,

둘째는 이웃과 함께하는 자기 확대, 자기 동일화의 욕망이며,

셋째는 보다 향상하고 발전해 진리를 얻고자 하는 욕망입니다.

기도는 우리의 마음을 진리로 향한 욕망으로 키워 마침내 진
리를 회복하게 합니다. 참된 욕망은 클수록 개인과 사회에 이익을
줍니다.

●

그렇다면 우리가 품은 참된 소망은 실현될 수 있다는 말입니까, 소망의 본질은 무엇입니까?

물론입니다. 우리의 마음속에 싹튼 참된 소망은 그것이 우리 생명 깊은 곳에 자리 잡은 대진리에서 나온 싹이라 할 것입니다.

흔들리고 어두운 마음속에 비춰온 한 줄기 빛입니다.

이 빛은 어두운 데서 온 것이 아니라 진리에서 온 것이므로 반드시 실현됩니다.

나의 힘으로 실현된다기보다는 진리의 힘으로 이루어집니다.

다만 그 성장을 장애하는 요인들을 제거하여야 하며 희망이 실현되도록 활동하여야 합니다.

씨앗을 땅에 뿌렸을 때 싹이 성장하도록 땅을 고르고 북돋우는 것과 같습니다.

●

어떻게 하는 것이 기도입니까?

첫째가는 기도는 항상 염불하고 진리를 긍정하며 진리의 한없는 은덕이 나와 나의 환경을 감싸고 키우고 있다는 사실을 깊은 마음으로 믿는 것입니다.

그래서 부처님과 부처님의 진리에 항상 감사하며 그 공덕을 찬탄해야 합니다.

이 끝없는 감사 염불이 첫째가는 기도입니다.

●

기도는 염불, 독경하거나 예배하거나 많은 보시를 하는 것이 아닙니까?

그렇습니다. 불보살님께 감사하며 진리를 찬탄하고 그 마음을 청정하게 하자면 독경, 염불, 끊임없는 공양 그리고 감사, 보은행이 있어야 합니다. 만약 염불, 독경하고 보시를 하더라도 감사 찬탄이 없고 청정심이 없다면 그런 염불은 공염불이 됩니다. 설사 보시를 하더라도 조건부 보시가 되고 이익 교환의 흥정이나 거래밖에 되지 않습니다.

그런데 기도는 관념이 아니라 행동이며 실천입니다. 아무리 부처님 공덕을 찬탄하고 감사하더라도 마음에 있을 뿐 실천적 행동이 따르지 않는다면 그것은 관념적인 것이 되고 맙니다.

그러므로 부처님께 감사하고 스스로의 마음을 열어 부처님의 무한 공덕을 받고자 한다면 보시 공양은 필수적입니다.

말로는 감사하고 보시 공양하는 행위는 아까워서 못한다면 그것은 탐착으로 마음을 닫은 기도입니다. 탐착을 끊어 마음을 열고 부처님께 공양하고 보시를 함으로써 감사 찬탄 기도는 실천이 되는 것입니다

●

기도하여 소망을 이루자면 어떤 방향
이든 움직여야 할 텐데 어느 방향으로
나가야 할지 막막할 때 어떻게 하면 됩
니까. 감사 염불만 하면 됩니까?

그렇습니다. 끊임없이 감사하며 끊임없이 염불하면 그 마음이 진
리의 가르침을 이해하게 됩니다.

부처님의 자비 위신력은 진리의 광명으로 우리에게 끊임없이
비추고 있는 것이니 우리의 마음이 청정하고 순수하게 되면 무엇
을 할 것인가를 스스로 알게 됩니다.

부처님은 형상이 아니고 진리는 모양이 없습니다. 그러나 우
리의 기도에 따라 형상 없고 소리 없는 가운데 그 해답을 얻게 됩
니다.

●

그렇다면 기도는 우리의 목적을 이루기 위한 수단입니까?

기도는 믿음직한 지혜이며 자기 실현의 수단이며 목적을 이루는 기술입니다.

기도의 기술을 바르게 써서 우리는 우리 생명에 깃든 부처님의 무한 공덕을 내어 쓰게 됩니다.

다시 말하면 기도는 부처님께서 주신 공덕의 문을 여는 열쇠라고 할 수 있습니다.

●

기도에는 넓고 깊은 자비가 기본 요건이라 했는데 우리 주위에는 대립한 자도 있고 거슬리는 일도 많으며 가족에 대해서도 이유 있는 불만이 있는 것이 현실입니다.

우리 시대의 모든 사람들은 우리와 대립한 자가 아닙니다.

저들을 해를 주거나 미워할 수 있는 사람으로 생각하면 잘못입니다. 모든 사람들은 우리 모두에게 현재 봉사하고 있는 것입니다. 우리 모두를 위해 무거운 짐을 분담해 지고 나아가고 있습니다.

바꾸어 말하면 우리 모두가 소망하는 바를 충족시키기 위해 각기 손을 나누어 땀 흘리고 있는 것입니다. 저 사람들은 결코 대립자가 아니며 존중하고 감사할 사람들입니다.

또 가장이 가족을 위해 일하고 희생한다고 하는 것은 그 가장은 그 집안과 가족을 위하고 사회를 위한 보살임을 알아야 합니다. 진리의 은혜를 집안과 가족에게 전해 주는 거룩한 보살입니다.

보살은 그와 같이 함으로써 스스로도 빛나고 스스로의 국토인

가정과 사회가 빛나는 것입니다. 이로써 부처님 은혜에 보답도 합
니다.

●

기도하면 만사가 다 성취된다 했는데
기도가 어째서 그런 힘을 갖게 됩니까?

상세한 점은 다시 말씀드리기로 하고 우선 중요한 한 가지만 말씀드립니다.

대개 모든 존재와 사물의 실질은 형상이나 물질이 아니라 마음입니다. 이 마음을 쓰는 것은 우리 자신입니다. 그래서 우리가 마음을 움직여 기도하면 사물이 움직이고 만물이 응하게 됩니다. 마음은 그 바탕이 진리이며 부처님의 공덕 생명입니다.

이 진리와 부처님의 위신력을 쓰는 기도에서 모든 소망은 이루어질 수밖에 없습니다. 거듭 말하지만 모든 존재는 진리를 여의지 않았고 일체 사물은 그 내용이 마음인 까닭에 마음을 움직여 만물을 창조하는 것입니다

●

기도가 성취되지 않는 방해 요인은 무
엇입니까?

중요한 것 둘만 말하겠습니다.

첫째는 부처님의 크신 은덕, 진리의 막힘 없는 위력을 믿지 않
는 것이고, 둘째는 어떠한 명분으로든 화합하지 못하고 대립심을
가지는 것입니다. 미워하거나 대립 감정을 가지고는 기도는 성취
될 수 없습니다

●

우리가 기도를 하고자 하면 마음에 걸리는 것이 많습니다. 이제까지 지은 허물도 많고 자기가 밉도록 스스로 잘못한 것도 많습니다. 그런데 부처님 앞에 나와 기도를 하자니 어쩐지 떳떳하지 못한 심정이 듭니다.

잘못을 저지르고 악한 짓을 한 것은 그것이 무지의 탓이며 어둠 속을 헤매는 증상입니다. 어둠은 밝은 빛 앞에 소멸되듯이 대자대비 부처님 앞에 나의 가슴을 열고 허물된 사실을 드러내어 참회할 때 소멸됩니다. 다시 범하지 않을 때 그 마음은 본래대로 깨끗할 뿐입니다.

또 자기가 밉도록 범한 죄에 대해 양심의 가책과 자기 비판으로 자신을 증오하거나 고생해도 싸다고 하며 저주하는 것은 옳지 않습니다. 빛을 만난 어둠은 사라지듯 부처님 앞에 진정으로 참회할 때 죄는 소멸됩니다.

나의 참회의 힘으로 소멸되는 것이 아니라 대자대비 부처님의 진리 광명의 힘으로 소멸됩니다.

우리는 다만 잘못된 어두운 구석을 덮어두지 말고 빛을 받게 하는 것밖에 없습니다. 참회했거든 다시는 죄를 생각하지 말고 감사와 희망으로 그 가슴을 채워야 합니다.

●

지금 세상은 혼자 곧고 바르게 살려 해도 되지 않습니다. 환경과 세계가 바뀌지 않고는 우리가 깨끗하게 살 수는 없습니까?

그런 생각은 옳지 않습니다.

거듭 말하지만 모든 사람은 부처님 공덕으로 살고 있으며 이 국토는 진리 광명의 국토입니다. 세계가 부정하다고 하는 것은 우리가 잘못 보는 것입니다.

그러므로 기도하는 사람은 환경이나 세계가 바뀌기를 바라지 말고 스스로가 바뀔 것을 생각해야 합니다.

자기가 바뀌면 세계가 바뀝니다.

환경도 세계도 자기 마음의 나타남임을 알아야 합니다.

●

기도하면 부처님이 소망을 이루어 주시고 구하는 것을 가져다 줍니까?

진리가 모두를 이루게 합니다.

진리이신 부처님은 우리가 소망하고 기도할 때 즉시 응답하셨고 즉시 주셨습니다.

우리는 끊임없는 정진을 통해 생각을 바로 쓰고 마음을 청정케 하여 진리가 주신 은덕을 발견해야 합니다.

그러므로 기도하여 얻는다는 것은, 발견하는 것임을 알아야 합니다.

●

우리의 생활 속에서 기도를 키우는 방
법은 없습니까?

앞서 몇 가지 대답은 했으나 다시 한 마디 보태겠습니다.

우리가 하는 일은 실로 나의 가족과 온 겨레를 위한 봉사입
니다.

우리가 진리를 생각하고 바른 말을 하며 정직한 행을 하는 그
모두는 기도가 될 수 있습니다.

●

기도할 때 불평불만이 있으면, 참는 것
보다 염불할 때 염불하고 욕할 때 욕하
는 것이 속 시원한 것이 아닙니까?

지금 당하고 있는 일이 비록 나쁜 일이라 해도 그것은 나쁜 것으
로 끝나지 않습니다. 거기에는 우리에게 소중한 교훈과 향상에의
길잡이가 숨겨 있음을 알아야 합니다.

또 나쁜 일을 당했다 하여 불평불만한다고 속 시원할 것도 없
고, 결코 불평불만이 환경을 개선하지는 못합니다.

기도만이 나쁜 환경을 바꾸어 줍니다.

우리에게 주어진 과제는 반드시 해결될 것이며 진리의 위력으
로 나와 나의 환경을 바꾸어 줄 것입니다.

만약 일시적 감정이나 이기적 동기로 일을 한다면 얻는 것은
파괴와 손실뿐임을 알아야 합니다.

참된 소망

●

참된 소망은 이루어질 수 있습니까?

앞서도 말한 바와 같이 참된 소망이라는 점이 중요합니다.

진실하게 자기를 키우고 이웃을 도우며 자기를 보다 향상시키는 소망이어야 합니다.

그런 참된 소망이 아니면 이루어지지 않습니다.

●

어떤 소망이 이루어지지 않는 것입니까?

기도로 이루어질 수 있는 소망은 도덕적으로 바른 소망이어야 합니다. 도덕 질서에 위배되는 소망은 진리와 어긋나므로 실현될 수 없습니다.

기도가 원래 진리에 있는 소망을 드러내는 것이므로 기도의 목표도 진리에 부합되어야 하고 기도 또한 진리와 같은 높고 맑고 너그러워야 하는 것입니다.

그러므로 타인에게 손해를 주는 기도는 이루어지지 않으며 타인의 인격을 견제하는 소망도 이루어지지 않습니다.

또한 비록 정의가 실현되기를 바라는 기도라 하더라도 거기에 자신이 품은 감정이나 고집이나 적개심 등이 첨가되면 안 됩니다. 가령 어떤 사람이 자신에게 호의를 갖기를 바란다는 것은 타인의 자유의사를 방해하는 것으로서 이것은 일종의 정신적 폭력입니다. 그런 기도가 이루어질 리 만무합니다.

혹 때로는 강한 염력念力으로 일시적으로 소망을 이룬 듯할 때

도 있지만 그런 성공은 새로운 파탄을 부르게 됩니다. 그것은 커
다란 진리의 법칙을 어기는 것이므로 일시적 염력이 감당하지 못
하는 것입니다.

● 앞서 스님께서 기도의 기본 요건으로 자비를 행할 것을 말씀하셨습니다. 자비를 행하는 것과 기도로써 구하는 것과는 어떤 상관이 있습니까?

자비를 행한다는 것은 마음의 문을 여는 것입니다. 이기적 자아의 성을 허물고 진리의 생명을 회복코자 나아가는 것입니다.

대개 무엇이든 얻으려 하면 먼저 주어야 합니다. 문을 열어야 햇빛도 시원한 바람도 들어오는 거와 같습니다.

기도하려면 먼저 자비로운 마음이 되고 무엇인가 주려는 마음이 되고 성실한 자신으로 돌아가 모든 사람에게 친절과 따뜻한 심정을 주어야 합니다.

우리를 둘러싼 온 세계는 적이 아니라 부처님의 공덕 세계이며 자비의 손길이 뻗쳐 있습니다.

우주 구석구석에 부처님의 자비로운 복덕의 손이 미쳐 있습니다.

우리는 애착하고 집착함으로써 복덕의 창구를 닫게 됩니다.

그러므로 자비롭고 보시함으로써 우리가 얻고자 하는 소망의 문
이 열리는 것을 알아야 합니다. 기도는 이 기초 위에 집을 세우는
것과 같습니다.

●

기도할 때 "이런 것들을 나에게 주십시
오" 하고 구하는 것입니까? 또는 어떤
마음으로 기도를 시작해야 합니까?

기도 성취의 핵심은 자기가 바뀌는 것입니다.

어떻게 자기를 바꾸어야 할까를 배워야 합니다.

지금 결핍을 느끼는 것은 우리가 잘못되어 눈을 가리고 부처
님 공덕을 외면한 까닭이라면 우선 내가 바뀌어 부처님의 진리
공덕을 받을 마음 그릇이 되어야 합니다.

그러므로 기도하는 사람은 다음과 같이 생각하지 않을 수 없
습니다.

"부처님께서는 우리가 구하는 바를 이미 주셨다. 나는 그것을
발견하고 감사하며 이웃에게 봉사해야 하겠다." 하는 지극히 겸
허하고 경건한 자세가 되어야 합니다.

기도 성취

●

기도를 하려면 기간을 정하지 않을 수
없습니다. 기도의 성취도 기한을 둘 수
밖에 없는 것이 저희들의 실정입니다.
그래도 좋습니까?

기도를 하면 부처님을 상대하고 진리를 상대하는 것이므로 우리
는 오직 일심으로 정진할 뿐이요, 그 이하는 진리의 흐름에 맡겨
두어야 합니다. 다시 말하면 무아無我가 되어야 한다는 것입니다.
무아로서 기도할 때 참으로 크신 공덕의 감응을 알 수 있습니다.

우리는 기간을 두고 기도하겠지만 소망이 이루어지는 것은 진
리에서 이루어지는 것이므로 기도 성취에 기한을 고집하는 것은
옳지 못합니다.

거듭 말하지만 진리 세계에서 이루어진 소망이 우리의 감각
현상 위에 나타나자면 시간도 과정도 필요합니다.

그리고 그것은 부처님의 지혜 위신력으로 원만히 조절되어 이
루어짐을 믿어야 합니다.

기한은 부처님 지혜에 전적으로 맡기는 것이 좋습니다.

●

오늘날의 복잡한 생활에는 항상 불안이 따릅니다. 평화롭고 안정된 환경에 대한 소망이 간절합니다. 이런 안정에의 소망은 기도가 될 수 있습니까?

사람이 불안에서 안정을 바라는 것은 정상적인 것입니다.

안정과 자기 충실과 평화와 향상은 우리가 진정으로 구하는 것 중의 핵심입니다. 그러나 안정을 바란다고 그것이 향상을 외면한 정지를 가져오는 것이라면 그것은 부당합니다.

우리의 본성은 진리이며 불성이며 법성입니다. 그것은 영원하고 하나이고 불멸의 활성입니다. 우리의 생명은 끝없이 푸르고 끝없는 성장이 본색입니다. 그러므로 우리의 본성은 정지나 정체停滯를 생각할 수 없습니다.

일체처 일체시간에 끊임없는 진리의 구체적 실현, 이것이 우리 생명의 본 모습입니다.

그렇다면 우리는 기도함으로써 본성에 순수하고 영원한 실현을 추구해 나아가야 합니다.

질시감정

●

우리는 생활하는 가운데 타인이 잘 되는 것을 보면 자신이 위축되거나 후퇴되는 듯한 느낌을 어찌할 수 없습니다. 타인이 잘 되는 것을 기뻐하느니보다 질시하는 감정도 거기서 나옵니다. 이런 심정을 어떻게 다스리는 것이 좋겠습니까?

무엇보다 모든 성취는 부처님에게서 오는 것이며 진리에서 이루어짐을 알아야 합니다. 부처님은 무한이고 진리는 평등입니다.

유한의 창고에서 나누어 갖는 것이라면 자기 배당이 문제되겠지만 무한 창고에서 얻는 데에는 그런 걱정이 필요없습니다.

또 다른 사람의 성공·진보 향상은 우리 모두의 영광이며 역사에의 기여입니다.

그렇다면 타인의 성공으로 자신이 손해를 보거나 위축을 당하는 것이 아니라 실제로는 많은 도움을 얻게 되는 것입니다. 이렇게 알 때 어떻게 타인의 성공을 질시할 수 있겠습니까? 충심으로 그의 기쁨을 함께해야 하지 않겠습니까?

●

기도해도 좀체로 성취되지 않을 때 어떻게 하면 좋겠습니까?

부처님은 나를 가장 완전한 방향으로 인도하고 계시다는 확신이 있어야 합니다. 그리고 그와 같은 진리로운 인도는 이미 진행되고 있는 것을 알아야 합니다.

다만 그것이 우리가 인식하는 현상계에 아직 나타나지 않았거나 우리가 발견하지 못했을 뿐입니다.

그렇다면 기도하여 명확한 영험을 느낄 수 없더라도 더욱 감사하고 희망을 불태우고 정진해야 합니다.

그리고 어떻게든 남을 돕겠다고 생각하고 작은 일이라도 곧 실천해야 합니다. 이웃에게 봉사하고 부처님께 감사하는 것이 소망을 담는 터전이라는 것을 알아야 합니다.

그리고 기도에서 받은 착한 인연은 비록 그것이 소망에 비해 보잘것없는 것일지라도 진리에서 비추어진 은혜임을 알고 충실하게 섬겨 나가야 합니다. 그것이 실마리가 되어 마침내 구하는 바 큰 원을 이루게 되는 것입니다.

●

불교를 믿어도 뜻밖의 문제들이 터져
나오는 것을 봅니다. 불교 신앙에 어떤
잘못이 있는지 모르겠습니다.

새로운 문제를 장애라고만 생각하지 말고 새로운 전진의 기회임
을 안다면 오히려 감사해야 합니다. 새로운 향상의 계기가 되고
보다 원만 진리에 가까워지는 계단임을 알아야 합니다.

새로운 문제는 새로운 향상의 길임을 알고 두려움이나 저주의
심정을 깨끗이 버리고 희망과 용기와 감사를 새로이 해야 합니다.

또한 기도 후 나타나는 장애는 기도가 성취되는 과정으로서
무너져야 할 인연이 허물어지는 것입니다. 소망이 현전하기 위한
과정인 것도 잊지 말아야 합니다.

●

기도하는 데 있어 버려야 할 마음은 어떤 것입니까?

이미 말씀 드린 바를 정리해 보면 이해가 되실 것입니다. 그러나 몇 가지 다시 말씀 드리겠습니다.

첫째, 무엇이든 이루어지는 것은 부처님의 힘이며 진리의 힘인 것을 믿어야 합니다. 부처님은 무한하신 자비이시고 무한 공덕인 것을 확신해야 합니다. 이 신념이 기도를 성취시키며 이 신념이 미약할 때 성취를 기대하기 어렵습니다.

둘째는, 자신은 업보 중생이고 죄 많은 중생이라는 생각입니다. 이런 생각은 양심적이고 겸허하고 부처님 앞에 진실한 자세인 듯 보이지만 그런 생각으로는 기도 성취를 할 수 없습니다. 내가 죄인이다, 업보 중생이다 하는 생각은 망념의 집착입니다.

부처님 가르침을 배워 죄가 본래 없음을 깨닫고 참회해 맑히고 끝없이 은혜로운 자기 본성을 활발히 살려내야 합니다. 무거운 죄의식은 하늘의 먹구름과 같아서 우리의 환경을 어둡게 만듭니다. 밝은 햇빛을 가리는 것입니다.

셋째는, 이기적 생각입니다.

자기 홀로만이 은덕을 받고 자신만의 성취를 구하는 것은 보살이 아닙니다. 진리는 원래 둘이 없고 대립이 없으며 모두와 함께 하는 자타일시성불도自他一時成佛道에 있습니다. 그러므로 이에 어긋나는 이기적 배타적 소망은 설 곳이 없습니다.

넷째는, 변화와 진보, 발전을 두려워하지 말고 감사해야 합니다. 변화에서 새로운 발전의 문이 열리는 것입니다. 진보를 사양하고 현상 유지를 갈망하는 기도는 이루어질 수 없습니다.

다섯째는, 자신이 비소卑小한 존재라는 생각입니다.

우리 모두는 부처님 공덕에서 왔으며 우리의 생명은 불성입니다. 우리는 진리 공덕을 끝없이 내어 써서 무한 창조를 열어갈 주인공입니다. 이런 권위스럽고 원만하고 축복된 자신을 몰각하고 천박한 죄 많은 중생이라는 비소卑小 관념은 기도 성취를 전적으로 방해합니다.

여섯째는, 과학적이고 합리적 판단으로는 기도 성취가 어렵다는 생각입니다.

과학이나 합리가 만사를 이루는 것은 아닙니다. 진리가 이룹니다. 합리와 과학에는 길도 있고 모순도 있고 막힘도 있지만 진리세계는 그 모두를 초월했습니다. 이 걸림 없는 초월의 위력을 합리라는 그물로 얽어맬 수는 없습니다. 그런 생각을 가지고 있으면 자신의 눈을 어둡게 하고 부처님 공덕을 가리게 됩니다.

●

> 스님께서는 앞서 끊임없는 기도 방법으로 감사를 말씀한 바 있습니다. 우리 일상 생활에서 우리는 생각하고 일하는 것이 전부입니다. 감사와 함께 기도 성취에 동움이 되는 생활 태도는 어떤 것이 있습니까?

무엇보다 밝은 마음이 중요합니다.

신념에 찬 자신과 적극적인 사고와 말, 희망과 축복이 함께하고 있다는 믿음이 중요합니다. 기쁘고 적극적이고 성공을 확신하며 용기가 넘치는 밝은 마음은 우리의 소망이 커가는 마음의 터전입니다.

만약 이러한 밝은 마음이 없고 도리어 어둡고 우울한 슬픈 표정이나 비관적이고 소극적 사고방식으로 이루어지는 것은 실패와 불행뿐입니다.

밝은 마음에서 밝은 소망이 커가는 것입니다.

●

우리의 신앙의 힘을 굳게 하는 방법이라도 있습니까?

첫째, 진리는 부처님이며 참으로 있는 것은 진리뿐이며 선善뿐인 것을 확신해야 합니다. 중생 세계가 있고 미혹이 있고 업보가 있다는 것은 중생의 망견 때문입니다. 실로 불성 진리뿐입니다. 이것을 확신해야 합니다.

둘째, 현상적으로 고통과 장애가 있더라도 현상에 따르지 말고 마음의 눈을 돌려 법성 진리를 보도록 해야 합니다. 어두운 구름에 매이지 말고 항상 푸른 하늘, 밝은 태양을 보라는 말입니다. 이와 같이 끊임없이 진리 실상을 보도록 해야 합니다.

셋째, 마음에서 일체 두려운 생각과 근심 걱정을 몰아내야 합니다. 이것이 우리의 신앙을 흔듭니다.

넷째, 자신의 본 면목이 불성으로서 결코 불행할 수 없는 자임을 확신해야 합니다. 그리하여 소극적이거나 퇴폐적이거나 어두운 그릇된 사회풍조에 물들지 않도록 해야 합니다.

언제나 씩씩하고 건강하고 끊임없는 창조로서 보람 있는 인생을 발전시키는 자임을 확신해야 합니다.

●

직장을 구하는 기도도 이루어질 수 있습니까?

이 지상의 모든 사람은 모두가 제각기의 사명을 가지고 있습니다. 그러므로 누구나 마땅히 해야 할 일이 있습니다.

자기 일에 충심함으로써 자기의 소질과 능력을 발휘하고 또한 덕성을 닦아 나아가며 사회 발전에 기여하게 됩니다.

그렇게 함으로써 일상 생활에 필요한 자량도 얻게 됩니다.

일심으로 기도하고 꾸준히 노력하면 자기 생명을 키울 길이 열립니다. 직업을 구하는 기도는 반드시 이루어집니다.

돈을 구하는 기도도 참된 기도가 될 수 있습니까?

돈을 요구하는 기도는 참된 소망이 될 수 없습니다.

돈은 우리가 필요로 하는 물자나 서비스를 얻게 되는 매개물입니다. 돈 자체가 직접 우리의 수요를 채워 주지는 못합니다. 배고프다고 돈을 삼키거나 아프다고 돈을 달여 먹을 수는 없습니다. 우리는 돈으로 얻고자 하는 목적물이 있습니다. 그리고 그 목적물을 통해 이루고자 하는 우리의 소망이 있습니다.

우리가 기도로써 구할 것은 매개물이나 중간 방편이 아니라 높은 소망 자체입니다. 그것이 참된 소망이고 진리가 나에게 나타난 싹이며 진리에 의해 뒷받침되는 참된 소망입니다.

그렇다면 돈을 구하는 것이 참된 소망이 아님은 명백합니다. 매개물을 구하지 말고 참으로 필요한 것을 구해야 합니다.

부자가 되려면 고집도 세고 어느 정도의 나쁜 일도 감행할 수밖에 없다고 하는 것이 오늘의 상식입니다. 기도해서 부자가 된다는 이런 상식이 용납됩니까?

악을 범하고 부자가 된다는 것은 있을 수 없습니다. 그렇게 된 부자는 모래 위에 이룩한 누각이며 병균을 내포한 육체입니다.

일시적 부를 이루었다고는 하지만 그의 내면세계는 끊임없는 고통과 붕괴가 계속되고 조만간 고통과 비애가 드러나게 됩니다.

악은 진리의 통로를 막는 것이므로 진리의 성과인 복덕을 이룰 수 없습니다.

●

부자가 되어 남을 도울 수 있는 힘을 이루려면 어떤 마음 자세여야 합니까?

부는 그 본질이 애착이나 탐심이나 인색이 아닙니다. 많은 사람에게 봉사를 하는 것입니다. 많은 사람에게 도움을 주고 편의를 제공하며 사회 발전에 이바지한 결과로써 부는 얻어지는 것입니다.

이런 점에서 부는 나쁜 것이 아니라 칭찬받아야 할 것입니다. 이것은 정상적인 부를 말하는 것이며 또한 부의 활용의 문제를 별도로 했을 때의 말입니다.

사람은 풍족한 우정과 사랑, 풍족한 건강과 생활 환경, 풍족한 신체적·정신적 능력 발달, 이런 것을 통해서 행복을 느낍니다. 그러므로 부를 이루고자 하는 사람은 모름지기 많은 사람들이 원하는 바를 충족시켜 주고 또한 스스로 사람들에게 도움이 되는 일을 착수해 인내와 성실로써 지켜가야 합니다.

그리고 부처님의 한량없는 공덕이 우리에게 모든 수요를 충족시켜 주는 대자비의 공여자供與者임을 확신해야 합니다.

대개 부는 돈이나 재산만이 아니라 그보다도 원만한 덕성, 탁

월한 아이디어 등 정신적 능력이 핵심이 되는 것임을 알아야 합
니다.

그렇다면 부를 구하고자 하는 사람은 돈이나 재산 등 외형을
구하지 말고 정신에 담긴 훌륭한 능력과 덕성의 실현을 구하는
것이 순서일 것입니다.

기도를 해도 즉시 영험이 없으니 어떻게 되는 것입니까?

진실한 소망을 기도한다면 그것은 진리 안에 이미 이루어져 있습니다. 기도를 지속하면서 성취가 나타날 때까지 기다려야 합니다. 기도가 성취된다는 것은 밖에서 오는 것이 아니라 안에서 발견하는 것입니다.

또 참된 소망을 깊은 마음으로 기도했다 하더라도 그것이 처음부터 완전한 상태로 나타나지 않는 경우가 있습니다. 나타나는 순서가 있으며 과정이 있습니다.

작은 일도 소홀히 하지 말고 성실하게 닦아 나아가면 필경 소망을 이루게 됩니다. 씨앗을 뿌려 식물을 키우고 수확을 거두는 것을 비교하고 생각해 보시기 바랍니다.

●

기도를 하더라도 소망한 일이 목적한 방향으로 진행되지 않거나 우리의 생각으로는 속수무책인 경우 기도는 어떻게 해야 이루어지는 것입니까?

이미 말했듯이 부처님의 무한한 지혜를 알아야 합니다.

우리의 눈으로는 사방이 막혀 속수무책인 듯 보여도 부처님에게는 막힌 바가 없습니다.

또 우리가 소망한 과정이나 방법도 반드시 옳다고 생각할 수도 없습니다. 부처님의 지혜는 무한하시며 헤아릴 수 없습니다. 생각할 수 없습니다.

대자대비하신 진리 공덕을 신뢰하고 오직 기도정진하는 것이 좋겠습니다.

●

기도할 때 진리를 깨닫고 덕성을 도야하
기 위한 소망이라면 떳떳하게 생각되지
만 병을 치료한다거나 고통을 덜기 위하
여 하는 기도는 어쩌면 신성에 대한 모
독이 아닐까도 생각이 듭니다. 병을 고치
는 종교는 저급 종교라고 아니할 수 없습
니다. 어떻게 하면 기도의 신성을 지키며
건강 수행을 할 수 있습니까?

깨닫는 것과 병을 고치는 것과 수행은 다른 것이 아닙니다. 수행함
에 따라 미혹 때문에 생겼던 병이 낫게 됩니다.

깨달음이나 참된 수행을 도외시하고 오직 병이나 고쳐주고 돈
이나 벌자는 종교라면 안 될 것입니다.

이 세간에서는 육체의 부분적 치료에 일가견을 얻으면 그것으
로 존경을 받습니다.

종교를 바르게 믿어서 인간 정신을 바르게 세우고 행을 맑히며
수행함으로써 병을 고친다면 조금도 허물할 것이 못됩니다.

수행하고 염불 기도하여 병을 고친다는 것은 어떻게 된 말입니까?

여러 경전을 읽어 보면 염불 독경하고 수행하면 죄업이 소멸되고 병이 낫고 재난이 소멸되고 가업이 번창한다고 말씀하고 있습니다. 또한 조상이나 인연 있는 영들이 극락에 태어난다고도 했습니다. 이런 말은 염불시키기 위해 거짓 방편으로 꾸며낸 것은 결코 아닙니다.

대개 육체에 나타나는 온갖 병은 몇 가지 원인이 있습니다. 깊은 마음속에 자리 잡은 미혹된 인연이라든가, 또는 증오·공포·걱정 등 감정이라든가, 소극적인 어두운 감정이라든가 여러 가지 인연이 엉켜서 나타납니다. 그러한 마음 상태가 잠재의식에 깔려 자율적 생명 조절 기능을 억압하고 저해하며 정상을 잃게 함으로써 육체적 병이 나타나게 됩니다.

그러므로 염불 독경하며 기도 수행하여 마음의 평화, 마음의 활성, 마음의 안정과 건강을 회복했을 때 병이 낫게 됩니다.

생명 깊은 곳에 있는 건강하고 원만한 진리성을 억압하고 있던 장애 요인이 제거되므로 자연히 생명 본래의 건강 질서가 회복되는 것입니다. 더욱이 부처님의 크신 위신력을 믿고 생명에 깃든 무한 위력을 내어 쓰는 기도를 한다면 중생의 미혹이란 실로 없는 것이므로 즉시에 본래 없는 상태를 나타내어 건강이 회복되는 것입니다. 이 점은 조금도 의심의 여지가 없습니다.

●

병을 고치고자 하는 사람은 기도할 때
특별히 주의할 만한 어떤 것이 있습니
까?

일반적 기도 원칙에 따르되 다음 두 가지를 특별히 유의하시기
바랍니다.

첫째는 마음에서 어두운 생각, 소극적 생각을 몰아내야 합니다.

근심, 걱정, 공포감, 증오, 불쾌감, 슬픔, 나쁜 감정, 초조 등등
이런 생각을 깨끗이 쓸어버려야 합니다.

그리고 양심에 거슬리는 행위가 있을 때는 참회하고, 남을 미
워하였을 때도 참회하고 감사한 마음으로 바꾸어야 합니다.

둘째는 자신이 부처님 공덕이 충만한 불자라는 사실을 관하여
야 합니다.

관한다는 것은 마음의 눈으로 보는 것입니다. 불성의 주인공
인 불자에게는 병이 없고 불행이 없는 것을 확신하며 이것은 자
신이 그렇게 안다거나 염불한 결과로 그런 것이 아니고 원래로
불멸의 건강이 인간인 것을 믿어야 하는 것입니다.

병으로 기도하는 사람이 특별히 말조심할 것이 있습니까?

말조심이란 병자만 하는 것이 아닙니다. 어떤 재난을 받는 사람만이 조심하는 것이 아닙니다. 자기 운명을 진리로 개척하는 사람이 마땅히 말의 진리를 활용해야 합니다.

병자라면 불멸의 생명, 건강한 신체 그리고 지혜와 자비를 항상 말해야 합니다. 슬픔을 말하거나 병을 말하거나 고난을 말해서 얻을 것은 없습니다. 그것은 생명의 진리에 어긋나며 진리 생명을 낭비할 뿐입니다. 건강과 행복과 성공과 환희와 감사를 말해야 합니다.

말은 마음을 바꾸고 진리를 드러내며 창조적 실현력을 갖추고 있는 것을 알아야 합니다.

●

병을 고치고자 기도할 때 특별히 주의
할 것과 지켜야 할 요목을 간단히 말씀
해 주십시오.

첫째, 지성으로 부처님을 믿고, 부처님 공덕으로 살아 있는 몸에
는 원래 병이 없다고 믿어야 합니다.

경에도 분명히 오온五蘊이 공했다고 했으니 어찌 공한 오온에
병이 있겠습니까.

둘째, 온갖 근심·걱정·불안·공포를 놓아 버려야 합니다.

셋째, 모든 사람과 대립이 없어야 하며 미워하는 사람이 있으
면 뉘우치고 마음 깊이 화해해야 합니다.

넷째, 자기와 함께 있는 사람 또는 이웃하는 모두에게 감사하
고, 그분의 행복을 기원하는 마음이어야 합니다.

다섯째, 인간은 본래 불성이므로 죄가 없다는 것을 믿어야 합
니다.

만병은 죄에서 시작됩니다. 죄가 있게 된 것은 미혹 때문이니,
모름지기 지난 동안에 지은 모든 죄를 참회하고, 참회하고 나면

죄가 소멸되었음을 믿어야 합니다.

여섯째, 자기는 죄인이다 또는 업보 중생이다 하는 생각을 버리고 불자의 영광과 환희를 생각해야 합니다. 업보 중생이므로 고통 받는 것이 당연하다는 생각을 버려야 합니다.

일곱째, 병의 원인이나 증상을 구태여 세밀히 알려고 할 것은 없습니다.

이밖에 가장 간단한 방법은 모든 마음 다 놓고 일심으로 염불하고 무조건 부처님께 모두를 내어 맡기는 일입니다.

진리는 우리의 몸을 맑게 하고, 진리 본래의 건강과 기쁨을 충만케 해 주기 때문입니다. 다만 억압 요인을 버려야 합니다.

● 영혼을 천도하는 기도는 어떻게 합니까?

일상 기도 방법과 다를 것이 없습니다.

다만 이런 때는 지성으로 염불 독경한 다음에 망령亡靈이 부처님의 광명을 받아 깨달음을 이루고 극락국에 왕생함을 생각하며 부처님께 감사하는 것입니다.

생활 주변에 사고가 많고 불안할 때 특
별히 기도하는 방법이 있습니까?

자신을 둘러싸고 있는 환경은 이것이 남이 만들어 준 것이 아니
라 자기 자신의 깊은 마음의 반영임을 깨닫는 것이 기도하는 사
람의 지혜입니다.

대립과 갈등과 불안한 환경은 그 원인이 자신의 마음 깊이 대
립과 증오와 또는 어두운 감정의 나타남이라는 것을 알아야 합니
다.

그렇다면 이런 때 기도하는 사람은 무엇보다 그 마음을 맑혀
야 합니다.

평화와 자비와 조화와 희망과 감사로 바꾸고 일심염불해야 합
니다.

●

잠자리에 들기 전에 특별히 기도하는 방법이 있습니까?

잠에 든다는 것은, 우리의 현재 의식이 휴식하고 활동을 정지하고 있는 때입니다. 그러나 우리의 생명의 활동이 정지한 것은 물론 아닙니다. 우리의 깊은 의식과 생명 조절 기관은 여전히 활발하게 활동해 심신의 건강을 지키고 있습니다.

그러므로 잠들기 전에 기도하는 것은 참으로 유용합니다. 자는 동안에도 기도가 계속되게 할 수 있기 때문입니다.

잠들기 전에 하는 기도로는, 다음과 같은 방법이 유효합니다.

먼저 단정히 앉아 눈을 감고 합장합니다. 그리고 일심으로 염불합니다.

그리고 부처님의 진리가 자신의 온몸을 감싸고 우리의 생활을 인도해 주심을 생각하며 감사하고, 이 몸이 온전히 부처님의 진리 속에서 진리로서 성장하고 있음을 생각합니다. 그래서 빛나는 지혜와 뜨거운 자비와 완전한 건강이 넘쳐흐르고 기쁨이 너울치고 있음을 생각합니다. 그리고 지극히 평화로운 마음으로 부처님께 감사하며 잠자리에 듭니다.

집에서 생활하면서 간단히 기도하는
방법을 말씀해 주십시오.

어느 곳에 있든 눈을 감고 합장합니다. 그리고 내 생명에 부처님 공덕이 넘치고 있음을 마음의 눈으로 보면서 일심으로 염불합니다. 그러고 나서 이렇게 생각을 반복합니다.

"나의 생명의 근원이신 부처님, 진리로서 키워 주시는 부처님, 건강과 자비와 지혜와 끝없는 성취를 이루도록 도와주시는 부처님, 감사합니다."

이때에 부처님과 거리 없이 함께 있다는 믿음이 무엇보다 중요합니다. 우리의 이 믿음과 마음은 부처님께 통하고 진리에 통해 있으며 우주와 일체 생명에 통해 하나를 이루고 있으므로 이런 기도는 성취됩니다.

또한 앞에 말한 기도의 말이 아니더라도, 진리의 위력이 자신에게서 실현되고 있음을 믿으며 찬탄 감사하며 자신의 소망이 성장하는 것을 긍정하는 생활은, 다 좋은 기도 생활입니다. 다만 염불 시간을 일정하게 정해 놓고 지속하는 것이 바람직합니다.

감사 이유

> 기도하는 것은 구하는 것을 얻지 못했기 때문에 구하는 것인데, 어찌 받지 않고도 받은 것처럼 감사합니까?

앞서 말한 것처럼 우리의 소망은 진리에서 싹틉니다. 우리의 깊은 마음에서는, 기도와 동시에 이미 이루어진 것입니다. 그것이 우리의 현상에 드러나자면, 과정과 시간이 따릅니다. 과정과 시간이라 하지만, 이것도 정해진 것이 없습니다. 우리의 마음이 그것을 볼 수 있도록 바뀌고 향상되어야 합니다.

기도할 때에 구하는 것을 받은 것으로 감사하라는 것은, 밝은 빛을 받아들이는 자신의 마음을 이루는 것이며, 받은 마음이 되어 감사하는 것이 종자가 되어 필경 그것을 현실적으로 얻게 되기 때문입니다.

앞서 말한 것을 대조해 확신을 갖기 바랍니다.

●

부처님은 진리이시며 대자대비하시며 걸림 없는 위신력이실진대, 우리의 소망을 기도하지 않더라도 알아보시고 이루어 주시는 것이 합당하지 않겠습니까?

진리는 영원하고 변함이 없습니다. 부처님은 자비하시고 자재하시며 또한 증감이 없습니다. 그러므로 진리이신 부처님으로서는 실로 추가로 제도할 중생이 없으며, 가히 끊어야 할 번뇌도 없으며, 가히 얻을 열반도 없는 것입니다.

다만 범부들이 본래 없는 가운데서, 꿈을 꾸고 중생 세계를 환작하며 거기에 갇힌 듯이 느끼는 것입니다.

진리에 변고가 있는 것이 아니므로, 부처님은 오직 깨닫기를 바랄 뿐입니다. 깨닫는 것은 착각된 눈을 바른 곳으로 돌리는 것입니다.

이 점은 우리 스스로가 지닌 자주의 영역이며 권능이기도 합니다. 스스로 자기 세계를 벌여 가는 자주의 문제입니다.

그러므로 진리이신 부처님은 우리에게 강제적 요구를 하시지 않습니다. 우리의 자유 의지를 존중하며 스스로의 자주 능력을 일깨우고 창조적 자각을 촉구합니다. 그리고 깨닫는 길, 깨닫는 방법, 깨닫는 상황으로 우리를 인도하십니다.

이러한 부처님의 자비로우신 인도는 항상 우리 곁에 와 있으며 소리 없는 소리로서 우리에게 설법이 계속되고 있는 것입니다. 우리는 스스로 마음을 돌려 부처님의 가르침을 통해, 자기에게 원래 충만한 생명의 진리, 부처님의 진리에 눈뜨고 참된 자기를 회복해야 합니다.

●

저희들이 기도하자면 염불 독경에 힘을 기울여야 하겠고, 그러자니 일을 소홀히 할 때도 있습니다. 기도에 있어 염불 독경과 일을 어떻게 조화시켜 나가야 하겠습니까?

염불 독경은 스스로의 마음을 맑히고 보다 진리에 가깝게 하여 마음을 여는 것입니다.

또 일은 우리가 원래로 살아 있고, 창조적이며 모두와 함께하는 공동적 존재라는 진실을 발휘하는 작법입니다.

그러므로 일은 자신을 향상시키고 가족과 사회에 봉사하며 부처님 은혜에 보답하는 일이 되기도 합니다.

그렇다면 염불 독경에 전념하는 순수한 마음을 그대로 일에 활용하여, 일에 전념하되 치우치지 않고 병행하는 것이 좋을 것입니다.

●

기도를 하며 신앙생활을 하자면 무엇보다 신념이 강하여야 하겠다고 생각합니다. 신념을 강하게 하는 데 필요한 도움의 말씀을 주십시오.

이에 대하여 이미 여러 차례 언급하였으나 다시 정리해 보겠습니다.

첫째, 무엇보다 신앙생활하는 사람은 부처님을 믿고 진리의 가르침을 배우는 열렬한 결심이 있어야 합니다. 결단적이며 열렬한 결심이 없이는 신앙을 키워갈 수 없습니다.

둘째, 자신의 본면목이 불성인 것을 확신하며 자기는 업보에서 온 것이 아니라 부처님 공덕에서 온 몸임을 굳게 믿어야 합니다.

셋째, 기도는 지극히 자비하신 불심과 일체를 이루고 있는, 자기 본심을 향한 기도임을 확신해야 합니다. 진리는 밖에 있지 아니하며 이미 나에게 있는 것을 발견하는 것입니다.

넷째, 인생이란 자기 향상을 향한 수련장이라고 생각하며, 매

사에 수련과목을 이수하면서 끊임없이 향상되고 있다는 것을 확
신하여야 합니다.

이상 네 가지는 기도뿐만 아니라 불자의 생활에 기본적 신념
을 키우는 방법이 될 것입니다.

●

기도 정근하는 마음가짐에 대하여 말씀하여 주십시오.

기도 정근은 독경, 염불 혹은 다라니[진언]를 지송하게 됩니다. 마하반야바라밀을 염하고 혹은 관세음보살 혹은 아미타불 혹은 석가모니불 등등 부처님 명호를 생각하거나 법문을 관합니다. 그러나 이와 같은 염불은 차별이 있는 것이 아닙니다. 모두가 진리를 자신 가운데 드러내고 있는 것이 염불의 실상입니다.

그러므로 염불 일구一句에는 위에 말한 바 모든 기도 성취의 요건이 갖추어져 있는 것입니다. 염불 일구 속에 부처님과 부모님과 모든 형제에 대한 감사가 있고 찬탄이 있으며, 모든 사람과의 화합이 있고 허물에 대한 참회가 있으며, 뜨거운 자비가 있고 부처님의 한량없는 공덕과 청정 불성이 함께 있는 것입니다.

기도 염불하는 사람은 염불 일구로서 기도에 관한 모든 공덕을 총섭하는 것입니다.

기도 정근 의식은 여러 가지가 있으나 핵심은 일심염불입니다. 특별히 첨언할 것은 기도하는 사람은 반드시 일정한 시간에 염불 정근하는 수행일과를 가져야 한다는 것입니다.

일정한 시간에 끊임없이 기도 정진한다는 것은 큰 공덕이 있습니다. 여가에 틈틈이 염불한다든가 노는 시간에 염불한다는 수행이 장하기는 하나, 그런 수행도 일과수행을 지킨 다음에 행하시기를 권합니다.

●

기도 수행에 마장이 있습니까? 있다면
어떻게 방지해야 합니까?

기도하는 사람이 미혹한 마음으로 형상을 구하고 집착할 때 마장을 만나기 쉬운데, 이는 대개 두 가지 통로에서 나타납니다.

하나는 망령된 마음을 버리지 않고 염불하는 것이고, 또 하나는 부처님을 형상으로 찾거나 소망을 이루는 것을 애착심으로 추구할 때입니다. 이렇게 되면 수행이 전도되고 미혹한 환상에 사로잡혀 기도는 이루지 못합니다.

원래 부처님은 진리이며 법신입니다. 형상이 없습니다. 또한 무한 공덕의 근원인 진리 실상에 어떤 형상도 없습니다. 무한이고 절대이기 때문입니다. 또한 우리의 망념이 다한 본성은 본래 무상無相입니다.

진리는 형상이나 마음으로 그려보거나 짐작이 허락되지 않습니다. 기도 수행하는 사람은 무엇보다 이 도리에 밝아야 합니다. 진불무형眞佛無形 일심본무상一心本無相을 알고 결코 상에 집착함이 없어야 바른 진취가 있게 됩니다. 이 도리를 모르고 마음으로 형상을 구하는 종교에서 정신병자가 속출하는 것을 참고삼아야 할 것입니다.

●

이상에서 기도성취의 원리, 기도의 방법, 부처님 공덕 세계에 대한 이해 등 많은 것을 알았습니다.

부처님과 그 세계는 실제로는 알 수 없습니다. 알았다면 잘못입니다.

실제로는 불가사의할 뿐입니다. 오직 '나무불南無佛'하고 우러르며 경건하게 진실을 지킬 뿐입니다.

제
9
장

참선

죽음이라는 한계 속에서
꿈을 좇아 버둥대는 생,
성공도 실패도 모두가 물거품 위에 던져진
황홀한 그림자.
우주가 다 허물어져도 변하지 않는
나의 참모습은 과연 무엇인가?
선은 인간 공허를 비쳐주고
비진리非眞理 속에서 헤매고 있는
일상생활을 깨우쳐 본래적인
참 자기에 눈 뜨게 한다.
참선이야말로
참된 자기 얼굴을 보는 작업이다.

●

참선은 무엇입니까?

참선은 가장 깊은 인간 공부라 합니다.

우리는 아침에 일어나 온종일 온갖 일을 합니다. 거기에는 밥 먹는 일도 있고 땅을 파는 일도 있으며, 집도 짓고, 학문 연구도 합니다. 공장에서 기계에 매달려 일하는 사람도 있겠지요. 그러는 사이 기쁘기도 하고 서운하기도 하고 나쁘다 좋다, 옳은 일 그른 일 분별하면서 일을 합니다.

때로는 아무 생각 없이 마음에서 일어나는 대로 충동적으로 혹은 반사적으로 반응할 때도 있을 것이고, 혹은 정신없이 술을 마시고 코를 골고 잠에 빠질 때도 있을 것입니다. 또는 사회와 나라를 위하고 정의와 평화를 위하고 인류와 중생을 위해 밤낮으로 헌신하는 분도 있을 것입니다.

그런데 이러한 온갖 일을 하는 주인공은 누구인가? 돌이켜 살펴보면 참으로 허무합니다. 어떤 때는 욕심이 움직일 때도 있고, 정의감이 발동할 때도 있고, 진리를 알고자 하는 진실한 뜻이 있는가 하면, 생각하기도 부끄러운 야비한 생각이 동기가 되고 행위의 배후가 될 때도 있습니다.

그리고 이것을 좀더 살펴보면 내 마음이 온갖 일을 계교하고 해나간다고 볼 수도 있으나 한 걸음 더 나아가 내 마음은 무엇인가 물어볼 때 당황하게 됩니다.

사실 아름다운 일, 거룩한 일 또는 온갖 활동을 내가 만들어 간다지만 나 자신의 근원을 묻게 되면 말이 막히는 것입니다.

결국 우리는 온갖 일을 하되 온갖 일을 하는 주인공이 누구인가에 대해서는 명확하게 알지 못합니다.

어느 물건이 있어서 능히 일을 하고 성도 내고 기뻐하기도 하고 취하기도 하고 버리기도 하는지 근원적 주인공을 모르고 있다는 말입니다.

여기서 우리는 자기가 무엇인지 모르고서 한낱 욕망이나 관습이나 환경 조건에 적응해가면서 덜컹덜컹 굴러가다가 마침내는 알 길 없는 죽음을 맞이하는 존재밖에 되지 못합니다.

자기를 잃어버린 인생살이라 하는 것이며 미혹의 인간 사회라고도 하는 것입니다. 또 주체적 자기에 어두운 상태이기도 합니다.

참선은 이러한 자기 상실의 인간에서 참자기를 회복시키는 공부입니다. 인간과 천지만물의 근원을 밝혀내는 공부입니다. 인간의 어둑한 마음을 깨뜨려 활짝 밝혀, 근본 지혜를 여는 공부입니다. 인간의 참된 주체성을 곧바로 열어서 인간과 진리의 참모습을 온전히 드러내는 공부입니다. 그러므로 선禪은 모든 사람에게 필요합니다. 자기가 무엇인지를 알지 못하며 허둥대는 것이 범부일진대, 마땅히 진실한 자기 본 면목을 되찾는 것이 무엇보다 값있는 일이라 할 것입니다.

오늘날 사람들은 생활환경이 안정되고 생활내용도 사뭇 풍부해졌습니다. 오래도 살게 되고 생활의 안정도 보장되고 또 많은 지식을 자랑합니다. 그렇지만 인간 자신이 무엇인가를 모르는 한 모두가 미혹 속을 사는 것에 불과합니다. 인간의 삶이 미혹이고 인간의 역사도 미혹의 역사이고, 복지도 평화도 미혹의 모습이며 행복 또한 그러합니다. 그렇다면 인간 회복, 인간 확인의 과제가 무엇보다 중요합니다.

선은 범어로 드야나dhyāna를 줄인 말인데 선나禪那, 지아나持阿那라고 적기도 합니다. 원래의 뜻은 정려靜慮, 사유수습思惟修習, 공덕총림功德叢林 등 여러 뜻이 있습니다.

참선하는 방법을 말씀해 주십시오.

선이 앞에서 말한 바와 같이 사람의 근본 면목을 깨우치는 것이 므로 그 방법을 일일이 말하기는 어렵습니다. 참선은 원래가 모든 사람은 그 본성이 불성이라는 최상 구극의 근원 진리라는 믿음이 전제가 됩니다. 이 불성은 믿어서 있는 것이 아니고 원래의 상태를 의심하지 않는 것입니다. 이러한 인간 본성인 불성이 범부가 되었다 하여 변질되거나 늘거나 주는 것이 아니므로 참선은 모든 사람이 자기 본성을 보아 불성을 확인하는 것이 요점입니다.

그러면 어째서 자신이 불성이건만 그것을 몰라서 다시 찾으려 하는 것이겠습니까.

그것은 미혹의 탓입니다. 대하고도 못 보고 쓰면서도 모르며 착각된 견해를 일으켜 엉뚱한 경계로 빠져드는 것이 범부입니다. 그래서 미혹을 돌이켜 자기 본분에 눈뜨게 하는 것이 선의 방법입니다. 대체적으로 두 가지를 말하겠습니다.

그 첫째는 범부들이 미혹하므로 자기 본성을 못 보는 것인데, 미혹이란 다름이 아니라 온갖 생각을 부질없이 일으켜, 일어난 생각에 빠져서 능히 일으키기도 하고, 또한 일으킴에 상관이 없는 한 물건을 잃어버리는 상태를 말합니다.

그렇다면 부질없이 일어나는 생각을 쉬고 고요한 마음이 되면, 망령된 구름이 다하매 찬란한 태양이 드러나듯이 우리는 본성의 태양을 알 수 있는 것입니다.

다음에 그 예를 하나 들어 보겠습니다. 대원大原 선사가 강講을 하고 있을 때, 한 번은 널리 법신法身의 이치를 설명하고 있는데, 마침 자리에 있던 선자禪者가 방긋이 웃으므로 물었습니다.

"내가 경에 의지해 뜻을 풀어 말하고 있는데 왜 웃으시오? 잘못 되었거든 당신의 견해를 말씀해 주시오."

"참으로 우스운 것은 스님은 아직 법신을 모르고 있습니다."

"어떤 점이 잘못되었다는 말입니까?"

"스님이 다시 한 번 법신에 대해 말씀해 보시오."

"법신의 도리는 마치 허공과 같아서 세[竪]로 삼세를 다하고 횡橫으로 시방十方에 이르러 인연을 따라 감응해 두루 하지 않는 것이 없는 것입니다."

이 말을 들은 선자가 말했습니다.

"그런 말씀 마시오. 스님은 다만 법신을 헤아리고 있을 뿐, 참으로 법신을 모르고 있소."

"그러면 스님이 나를 위해 가르쳐 주십시오."

이에 선자가 말했습니다.

"스님은 잠시 강을 멈추고 밤중에 고요히 앉아서 생각하되, 옳든 그르든 모든 인연을 단번에 놓아버리도록 하십시오.”

이 말을 들은 대원 스님은 선자가 가르쳐 준 대로 모든 인연을 다 놓고 고요히 앉기를 초저녁에서 새벽에 이르렀는데 마침 북소리를 듣고 홀연히 깨쳤습니다.

또 하나의 방법을 말씀드리지요.

그것은 사람들 자신이 불성이므로 불성을 전면 공부인 자신에게 드러내어 자기 불성을 깨치게 하는 방법입니다.

이것도 예를 하나 들겠습니다. 당나라 때 마조馬祖 스님에게 방 거사龐居士가 물었습니다.

“만법과 짝하지 않는 자가 누구입니까?”

이 말은 만법, 삼라만상 온갖 현상은 모두가 변화하고 바뀌고 또한 없어집니다. 그런데 이러한 변화무쌍한 만법과는 상관없는 것이 어떤 것이냐고 묻는 것입니다. 다시 말하면 천지가 뒤덮이고 세간이 천만 번 바뀌어도 결코 그와는 상관이 없는 참 진리를 묻고 있는 것입니다. 이에 대해 답하기를,

“네가 서강西江의 물을 단숨에 다 마시는 것을 보아 일러주마.” 했습니다.

방 거사는 이 말 아래 단번에 자기 본성을 깨쳤던 것입니다.

위에 말한 첫째 방법은 오늘날 묵조선黙照禪이라는 것이고, 뒤의 방법은 간화선看話禪이라고 합니다. 그밖에 또 선의 방법이 있기는 하나 여기서는 생략합니다.

화두話頭가 무엇입니까?

화두는 공안公案이라고도 합니다. 도를 깨치는 법어입니다. 공안이라 하는 것은 본래 관청의 공변된 문서라는 의미를 가지는 말로서 공정해 범치 못할 법령이라는 뜻이 있습니다.

그런데 화두는 이것이 진리를 깨친 부처님이나 조사의 말씀이기도 하고 몸짓이나 그밖의 방법으로 이루어집니다. 이것은 말씀이나 몸짓으로 보이되 실로는 단순한 말이 아닌 것입니다.

거기에는 법法, 진리 자체가 온전히 드러나 있습니다. 그래서 화두를 깨치면 곧 부처가 되고 조사가 됩니다.

다음에 공안 한 가지를 소개합니다.

조주 스님에게 어떤 스님이 묻기를

"달마 조사가 서쪽에서 전해온 법이 어떤 것입니까?"

하니 조주 스님은,

"뜰 앞의 잣나무니라." 하고 대답했습니다.

또 하나 공안을 소개하지요.

어떤 스님이 조주 스님에게 묻기를,

"개에게도 불성이 있습니까?"

답하기를,

"없느니라." 하였습니다.

위의 첫째 공안을 정전백수자화庭前白樹子話, 후자를 무자화無字話라고 합니다.

참선하는 사람은 공안을 요달하여야 합니다.

화두 공부는 어떻게 하는 것입니까?

화두를 가져 참선하는 데는 서고 앉고가 없습니다. 오나 가나 서나 앉으나, 항상 화두 참구參究를 하는 것입니다.

그러면 어떻게 화두를 참구할까요?

다음에 조사들의 말씀을 인용하겠습니다.

조주 스님에게 묻기를,

"개에게 불성이 있습니까?"

하니 답하기를,

"없느니라." 하였다.

그러니 다만 항상 이 "없다." 하는 무無를 참구하여, 밤이고 낮이고 가나 오나 앉으나 서나 어느 때나, 생각생각 끊이지 아니하고 맹렬히 정신을 차려 무無의 뜻을 추구해야 합니다. 이렇게 하면 어느덧 타성일편打成一片이 되어 홀연히 마음 빛이 활짝 밝게 됩니다.

"다만 항상 화두를 들어야 하니 설사 망념이 오더라도 생각으로 제하려 하지 말고 오직 간절하게 화두만 들어라. 항상 화두를

들어 화두로 오고 화두로 가면 아무 재미도 없는 데 이를 것이니,
이때가 참으로 좋은 시절이라. 부디 놓아 지내지 마라."
– 대혜大慧 선사 말씀

"공부를 짓되 단연 날카로운 칼날을 빼어든 듯 맹렬하고 날카
로운 정신으로 기어이 조사가 서쪽에서 온 뜻을 밝혀내도록 해야
하니, 두 눈을 똑바로 뜨고 반복해 공안을 들되 '이 무슨 도리인
고?'라고만 하라.

만약 이와 같이 정좌해 공을 들이지 않고서야 어느 때에 마음
이 공하여 급제하랴?"
– 아호鵝湖 선사 말씀

화두 공부는 이와 같이 하는 것이지만 특히 주의해야 할 것은
화두를 추궁해 가되 어찌해 그러느냐 하는 이유나 말이 붙어서는
안 된다는 점입니다. 그것은 생각하고 연구하는 것이지 참구는 아
닙니다.

●

좌선의 기본 요건은 무엇입니까?

여러 가지로 말할 수 있으나 요긴한 것 다섯 가지만 말하겠습니다.

참선이란 원래 서고 앉는 데에 있는 것이 아니지만, 서고 앉는 데에 걸림이 없이 화두 공부를 지어 가자면, 불가불 조용하게 앉는 데서 힘을 얻어야 합니다. 그래서 참선은 좌선이라고도 합니다.

좌선에서 첫째로 중요한 것은 큰 원을 세우는 것입니다. 자기 혼자 생사에서 벗어나고 도를 얻으려 하는 마음에서 벗어나, 진실한 자기 면목을 밝히며 맹세코 일체 중생과 세계를 구하겠다는 굳건한 서원이 있어야 합니다. 원이 없거나 작은 원을 세우면, 공부가 진척이 없고 장애가 생기며 진정한 공부라 할 수 없습니다.

둘째는, 몸을 단정히 하는 것입니다. 우선 두꺼운 방석을 준비하고 허리띠를 늦추어 몸과 호흡을 자유스럽게 합니다. 그 다음에 방석 위에 가부좌跏趺坐하고 앉습니다.

가부좌는 먼저 오른쪽 발을 왼쪽 무릎 위에 겹치고 다음에 왼발을 오른쪽 무릎 위에 포갭니다. 다만 왼발을 바른쪽 무릎에 놓고 앉는 법도 있는데, 이것을 반가부좌라고 합니다.

그 다음에 바른손을 아래로 왼손을 바른 손바닥 위에 겹치며 양쪽 엄지손가락 끝을 둥글게 맞댑니다. 이것을 대삼마야인大三摩耶印, 법계정인法界定印이라고 합니다.

그 다음에 몸을 서서히 바로 일으키며 허리를 반듯이 폅니다. 이때에 몸을 전후좌우로 약간 흔들어서 허리를 단정히 세우고 자연스럽게 앉습니다.

앉았을 때는 눈을 뜨고 턱을 앞으로 당겨 코와 배꼽이 수직이 되게 합니다. 그리고 목과 어깨의 힘을 모두 풀고 허리와 가슴을 펴고 앉습니다.

셋째는, 호흡을 고르게 해야 합니다. 호흡법이 필요 없다고 하는 사람도 있지만 좌선에 실패하지 않으려면, 반드시 좌선의 기초법에 따라 올바른 호흡법을 배우기를 권합니다. 그렇지 아니하면 상기가 나거나 신체상의 장애가 생겨, 공부에 지장을 받기 쉽습니다. 바르게 호흡을 익히면 공부에 큰 도움이 됩니다.

넷째는, 마음을 고릅니다. 이미 몸이 안정되고 호흡이 고르게 되면 저절로 번뇌가 끊어져 마음이 맑아집니다. 이런 때에 좋은 일이든 궂은 일이든 일체 생각을 하면 안 됩니다.

또한 신기한 것을 얻기를 바라거나 성현이 감응하기를 기다리거나 이것이 좋은 공부다 하는 분별심을 내서도 안 됩니다. 온갖 생각을 쉬고 공부만을 지어가야 합니다. 이런 때에 선지식의 가르침이 절실한 것입니다.

다섯째는, 공부하는 데에 마摩의 장난이나, 공부가 바로 되고 잘못되는가를 가릴 줄 알아야 합니다. 대개 공부가 길어지면 마군의 장난도 성합니다. 또한 마음이 밝아지고 삼매를 이루게 되면 가지가지 경계가 나타나게 됩니다.

대개 경계에 나타나는 것은 그 원인이 마음에 있습니다.

첫째로, 공부가 어느 정도 깊이에 이르렀을 때 그에 상응하는 경계가 벌어지는 것인데 경계가 벌어지는 원인은 정定의 핵심인 공부가 분명하지 않거나 초점을 잃었을 때 생기며, 여기에는 오로지 공부만 면밀히 지어가야 하는 것입니다.

둘째로, 공부인이 마음에 구하는 것이 있거나 망념이 있으면 또 경계가 생깁니다.

셋째는 마음이 본래 형상이 없는 것을 밝게 요달하지 못한 데서 옵니다.

그러므로 경계가 나타났다는 것은, 그 공부 자세에 허점이 있거나 공부에 대한 바른 이해가 없기 때문임을 알아야 합니다.

이상 다섯 가지 법을 잘 알고 갖추며 선지식의 도움을 받아 공부하는 것이 좌선의 기본이라 할 것입니다.

좌선의 호흡법은 어떤 것입니까?

몸을 단정히 하고 앉은 다음에 먼저 숨을 한두 번 크게 내쉽니다. 다음에 서서히 숨을 들이쉬고 배꼽 아래 단전丹田 부위에 이르는 것을 말합니다. 이때에는 호흡과 생각과 힘이 함께 아랫배에 모이게 됩니다. 이때에 아랫배에 힘을 모으려고 힘쓸 것은 없습니다. 또한 길고 깊은 호흡을 하고 무리할 것도 없습니다.

다만 요긴한 것은 호흡이 아랫배 단전 부위에 이르는 과정을 생각으로 세밀하게 추척하여 호흡과 생각이 떠나지 않는 것이 중요합니다.

호흡이 단전에 이르러서는 잠시 멈췄다가 다음에는 서서히 밖으로 내쉽니다. 역시 생각으로 호흡을 관하면서 코로 내쉽니다. 호흡을 들이쉴 때는 비교적 가볍게, 토할 때는 되도록 정밀하게 서서히 하는 것이 좋습니다.

호흡에서 특히 주의할 것은 무리하게 하지 않는다는 점입니다. 자연스럽게 서서히 미세한 호흡이 되어야 합니다. 서두르면 안 되고 거칠면 안 됩니다. 모든 생각을 다 놓아버리고 하여야 합니다.

●

견성見性이란 무엇입니까?

본성本性을 보았다는 뜻이니, 본성은 불성을 말하며 불성은 얻는 자도, 얻을 것도, 얻음도 없는 본연의 진리입니다.

이 불성을 보았다는 것은 바로 자기 자신에게서 완전무결한 진리를 밝혀냈다는 뜻이기도 하며, 불보살님과 일체 중생과 제불 국토의 참모습을 밝혔다는 뜻도 됩니다. 그러므로 견성하였다 함은 곧 부처님과 조사의 지혜 안목을 얻은 것이니 그 사람은 바로 불조와 같은 것입니다.

견성한 경계가 어떠하냐에 대해서는 말해 봐야 소용없습니다. 견성한 사람이 아니면 모르기 때문입니다. 장님이 태양의 밝음을 짐작할 수 없고 대롱 구멍으로 허공의 넓이를 짐작하지 못하는 것과 같습니다.

그러나 옛 조사들 가운데는 견성했을 때의 감동을 말씀하신 바가 있습니다. 그것은 견성의 모습을 언어의 표현으로 비유해 본 것입니다.

당나라 때 혜능慧能 조사는 홍인弘忍 조사의 가르침으로 견성했

습니다. 그때 심경을,

"일체 만법이 자성自性을 여의지 않았다."

고 하였으며 또 홍인 조사에게 말하기를,

"어찌 자성이 본래 스스로 청정함을 알았겠으며, 어찌 본래 생멸하지 않는 것임을 알았겠으며, 어찌 본래 스스로 구족함을 알았겠으며, 어찌 본래 동요가 없음을 알았겠으며, 어찌 능히 만법을 냄을 알았으리까?"

하였습니다.

혜능 조사는 당신께서 견성한 경계를 이와 같이 무엇에도 비할 수 없는 최상 구극의 진리임을 말했습니다. 그때 홍인 조사는 본성을 깨쳤음을 인정하시고 곧 장부丈夫·천인사天人師·불佛이라고 말씀하셨습니다. 거듭 말하면, 견성하면 곧 불佛입니다.

참선에 있어 믿음이란 어떤 것입니까?

참선하는 사람은 무엇보다 큰 믿음이 있어야 합니다.

큰 믿음이란 일체 중생이 본성에서 제불보살과 조금도 차이가 없고 자신이 또한 그러하다는 것을 굳게 믿는 것입니다. 그것은 형상이나 나타난 능력에는 여러 가지 차이가 있지만 본성은 똑같다고 믿는 것입니다. 아무리 많은 죄를 범했더라도 본성은 일찍이 때 묻지 아니하고 원만한 진리의 주인공이라는 사실을 확신해야 합니다.

이러한 자기 본성에 대한 결정적인 확신에서 참선자의 기본 자세가 잡히는 것입니다. 자신이 불성이라는 진리 주체자일진대, 그에게는 끝없는 지혜와 용기와 덕성이 충만합니다.

여기에서 어떠한 고난에도 좌절을 모르고 불굴의 용맹정진을 하게 되는 것이며, 중생을 위해 몸을 바치고 불국토 실현을 향해 정진하게 됩니다.

참선자로서 이 믿음이 없으면 원도 없고 정진력도 약하고 행이 좁고 바른 깨달음에 들어가지 못합니다. 그뿐만 아니라 자칫하면 자기 일신의 안녕과 평화를 위해 수행하는 이기적 인간이 되고 맙니다. 그리고서는 결코 불자가 될 수 없습니다.

큰 분심

●

참선에 있어 큰 분심憤心이란 어떤 것입니까?

화두를 들고 참선하는 사람은 모름지기 크게 분한 마음을 일으켜야 합니다.

무엇 때문에 분한 마음을 일으키는가 하면, 불조가 제시한 화두는 이것이 불조 특유의 것이 아니라 실제로는 자기 자신의 면목을 정면에 들이대는 것이라는 점에서입니다. 자기 자신의 면목을 들이댔는데도 그것을 모르니 어찌 분통이 터지지 않겠습니까?

과거 조사들은 화두에서 자기 본분을 회복하여 성인이 되었고, 모든 불보살들도 이 도리를 깨달아 불국토를 성취했습니다.

그런데도 지금의 나는 이것을 모르니 분통이 터질 수밖에 없습니다.

과거 조사들에 비해 무엇이 부족해서 나는 이것을 모르고 범부에 낙착하고 있다는 말인가?

이 도리를 밝힐 진리는 자신에게 있어서 조금도 손감이 없다 하겠는데 나는 어째서 이것을 모른단 말인가?

이러니 화두를 당해 분심이 날 수밖에 없습니다.

전생도 이러했고 그 전생도 이러했고 금생도 또 이러하니 어느 때 가서 나의 생명의 진리를 밝혀낸단 말인가?

이대로 생사가 반복되고 물결치는 고해 속에 영겁토록 빠져간단 말인가?

이런 데서 분심이 날 수밖에 없습니다.

금생에 다행히 최상의 진리를 얻는 이 법문을 만났지만 이대로 이럭저럭 지나간다면 어느 때나 고생의 늪에서 벗어나 생사의 윤회를 끊는단 말인가?

참선하는 사람은 화두를 당하여 이렇게 자책감이 치밀어 오며 큰 분심이 솟아나는 것입니다. 이 분심에서 무명을 뚫고 분별을 깨뜨릴 힘이 나는 것이니 분심이야말로 참선자에 있어 화두 공부하는 동력이라 할 것입니다.

그러므로 큰 믿음에서 큰 분심이 있고 큰 분심에서 비로소 큰 깨달음이 있다 하는 것입니다.

●

참선에 있어 큰 의정疑情이란 어떤 것입니까?

큰 의심이란 부처님이나 참법을 의심하라는 말은 물론 아닙니다. 이것은 화두에 대한 공부인의 마음을 가리킨 말입니다.

원래 화두는 불성 진리의 전면 제시입니다. 그러므로 망상과 망념에 덮인 범부로서는 알 수도 없고 잡을 수도 없습니다. 생각할 수조차 없습니다. 원래 화두란 생각할 수 없는 것을 생각하는 것이 화두 참구입니다.

이것은 무엇으로 잡아볼 수도 없고 비유로써 형용할 수도 없습니다. 잡을 수도 없고 놓을 수도 없는 것이니 화두는 오직 전심전력을 기울여 이 무슨 도리인고 하고 맞부딪칠 수밖에 없습니다.

아는 것으로도 얻을 수 없고 모르는 것으로도 얻을 수 없습니다. 이런 때의 마음상태를 의심한다고 하는 것입니다.

불조는 화두로써 명백하게 법 자체를 우리 눈앞에 보여준 것입니다.

원래 내게 있는 나의 물건을 내 앞에 들이댄 것인데 나는 어찌 모른단 말인가?

분명히 내게 있는 이 도리, 화두는 명백하게 이것을 밝힌 것인데 어째서 이것을 모른단 말인가?

점점 이렇게 되어 점점 큰 의심이 솟아납니다.

이렇게 되면 온몸, 온 생각이 화두 덩어리가 되어 화두로 눕고 화두로 잠들게 됩니다.

의정이야말로 공부인에게 있어 화두의 핵심이 됩니다. 의정 없는 화두는 죽은 공부입니다. 아무 힘도 바라지 못하는 것입니다.

●

좌선 중에 망상이 나서 공부가 안될 때 어떻게 하면 좋습니까?

참선하는 공부는 오직 당인의 간절한 생각이 절대로 요긴한 것입니다. 잠시라도 간절하기만 하면 의정이 안 날 수 없는 것입니다.

그런데도 망념이 난다면 용맹스러이 정신을 차려 화두를 연거 퍼 들라 하였습니다. 온갖 계교를 써서 용맹스럽게 노력하는 것입니다. 잡념을 제하려 하지 말고 용맹스럽게 간절하게 정신을 차리고 화두를 들라는 말입니다.

옛 조사는 말씀하시기를,

"잡념이 더욱 일어나거든 모두를 활활 놓아버리고 조용히 땅에 내려와 한 바퀴 거닌 다음 다시 포단에 앉아 두 눈을 똑바로 뜨고 주먹을 불끈 쥐고 척량골脊梁骨을 바르게 세우고 다시 전과 같이 화두를 들면 문득 시원함이 흡사 끓는 물에 한 국자 냉수를 부은 것과 같을 것이다."[동산 선사 말씀]

하였습니다. 두 눈을 똑바로 뜨고 척량골을 바르게 세우고 천길 벼랑 위에 앉은 듯이 생각하고 용맹심을 내는 것이 졸음이나 잡념을 이기는 공부법입니다.

●

좌선 중에 경계가 나타나면 어떻게 합
니까?

좌선 중에 경계가 나타난다고 하는 것은 그 원인이 화두를 간절
하게 들지 않았기 때입니다. 처음에는 간절하게 화두를 들었다가
도 도중에 화두를 놓았다거나 혼침에 들었을 때 경계가 나타납니
다. 이런 때는 화두를 다시 간절히 드는 것이 대치 방법이 됩니다.

또 공부인이 마음속에 큰 원이 없이 구하는 것이 있거나 마음
이 원래 형상이 없다는 것을 요달하지 못한 것이 원인이 될 때도
있습니다.

좌선 중에 나타나는 경계는 그것이 제불의 광명이든 마군의
웃음소리이든 모두가 몽환이며 마군의 방편임을 알고 곧 마음을
돌이켜 간절하게 화두를 들어야 합니다.

좌선 중에 망념이 들었다 하여 망념을 쫓으려 하면 도리어 망
념에 빠지는 것처럼 경계가 나타나더라도 경계에 도무지 무심하
여 부동해야 합니다.

경계가 나타나거나 망념이 일면 즉시에 화두로 돌이킬 것을

철저히 명심하고 꿈속에서라도 그렇게 되도록 노력해야 합니다.
이런 방법을 알고 있으면 아무리 망념이 나거나 또는 경계가 벌
어지더라도 두려워할 것이 없습니다.

●

화두의 본질은 무엇입니까?

화두의 본질은 불조의 깨달은 법 자체입니다. 우리의 본래 면목이며 불조의 본성입니다. 그러므로 화두는 범부의 생각이나 말로써는 어림댈 수가 없습니다. 불조의 지혜 안목을 연 사람만이 알아듣는 것입니다.

왜냐하면 범부들은 생각과 논리와 형상 이상을 넘어서지 못하지만, 화두가 의미하는 법 자체는 그러한 사유나 이론이 아니기 때문입니다. 그러므로 화두의 본질을 말한다면 그것은 불성이고 견성 자체입니다.

그런데도 화두를 무슨 방법이라느니 방편이라느니 하는 생각을 하는 사람도 있으나 그것은 명백히 잘못입니다. 범부로서는 화두를 대했을 때 어떻게 생각할 수도, 말할 수도 더듬어 볼 수도 없는 것입니다. 오직 절벽에 맞부딪친 것처럼 막힐 뿐입니다. 이것이 무슨 뜻인가 하는 의정疑情의 벽에 맞설 뿐입니다. 그러기에 옛 조사들은 말씀하시기를, 화두 공부하는 것을 은산철벽 같다고 하였고 가까이 가면 얼굴이 타버리는 큰 불무더기라고도 하였던 것입니다.

●

참선자로서 지켜야 할 계명戒命이 있으면 말씀하여 주십시오.

간단히 몇 가지만 들어 보겠습니다.

첫째, 큰 서원을 발해야 합니다. 선자의 수행이 일개인의 안락이나 해탈을 위함이 아니고 일체 중생을 제도하고 불국토를 이루겠다는 역사적, 종교적 책임의 자각에서 출발해야 합니다.

둘째, 철저히 선지식의 가르침에 의지해야 합니다.

셋째, 어느 때나 좌선의 마음자세를 놓지 말아야 합니다.

넷째, 일을 당하여는 오직 일에 전념할 뿐 잡념을 일으키지 말아야 합니다. 일을 대상으로 인식하는 것이 아니고 자신과 일체가 되는 것입니다.

다섯째, 긍정적인 말을 하고 결코 남의 허물을 보지 않습니다.

여섯째, 자비심과 공심公心으로 삽니다. 선자는 언제나 대립을 모르고 이기를 벗어난 큰 법성에 효순하는 삶이기 때문입니다.

일곱째, 적어도 불조의 기초적인 가르침을 이해해야 합니다.

문자를 세우지 않고 곧바로 마음을 가리켜 성품을 보아 성불

하는 것이 선의 표방이지만, 스승 없이 저절로 되는 법은 없고 우
리의 스승은 불조가 최상의 스승이기 때문입니다.

선과 교

●

선과 교는 어떻게 다릅니까?

선은 본성을 바로 보고 부처님의 본성인 불성을 열어 보이며 내어 씁니다. 그래서 선은 부처님의 마음을 쓰는 것이며 우리들 범부의 마음속에서 부처님 마음을 발견하고 발휘하는 것이라 하겠습니다.

그런데 교는 부처님의 말씀과 거룩한 행동을 적은 것입니다. 따라서 부처님께서 우리에게 주시는 높은 가르침이 거기 있습니다.

그러나 그 말씀은 우리들을 교훈하시고자 그때그때 주신 말씀으로써 우리가 사유 논리로써 이해할 수 있는 합리의 체계이며 말씀입니다. 다시 말하면 교는 부처님의 말씀이라는 사실입니다.

이런 점에서 선을 부처님 마음이라 하고 교를 부처님 말씀이라고 하는 것입니다.

그렇지만 부처님의 말씀은 그 목적이 중생들을 깨우치고 바르게 인도하여 마침내 모든 범부들이 자신의 본분을 깨달아 불심을 알게 하는 데 있는 것입니다.

우리들, 말과 이론과 형상을 떠나서는 아무 것도 알지 못하는 자들에겐 불가불 합리적인 부처님 말씀이 있어야 하니, 부처님 말씀이야말로 우리가 미혹을 벗어나 참된 깨달음의 진리에 이르는 보배로운 배라고 하는 것입니다.

그렇지만 부처님 말씀에서 부처님 마음을 보지 못한다면 그것은 말씀에 국집하고 있는 것이므로 깨달음에 이르자면 말씀에 국집하는 상태에서 벗어나야 하는 것입니다.

비유로 말하면 배를 버려야 언덕 위 육지 사람이 되는 것과 같습니다.

또한 선이 말과 이론을 떠난 것이라 하나 선에 의하여 참 진리를 깨달은 사람은 불가불 깨달은 진리 내용대로 살아가며 진리를 표현합니다.

그뿐만 아니라 그 진리에 따라 생활하는 방식을 모든 이웃에게 가르쳐 주고 함께 밝은 생활을 하도록 노력하게 되니, 거기에는 불가불 말과 이론이 없을 수 없습니다. 여기에서 교가 있게 되고 석가모니 부처님의 말씀도 이렇게 하여 있게 되는 것입니다.

사교입선捨教入禪은 무슨 뜻입니까?

교를 버리고 선에 든다고 하는 것은 앞서 말한 것처럼 부처님 말씀의 본 뜻인 선으로 나아가는 길을 가리키는 말입니다.

선이라 하고 또는 부처님 마음이라 하고 또는 우리의 본성이라고 하여 그러한 불심인 우리 본성을 찾는 것이 불교라 하지만 거기에 들어가자면 불가불 준비과정이 필요한 것입니다.

왜냐하면 우리는 합리적인 판단이 있어야 앞으로 나아가게 되며 또한 공부의 길이 깊고 중생의 차별이 많으며 중생의 얽힌 생활상태가 다양하므로 불가불 그러한 것들을 해치고 버리며 진실한 도를 향해 나가는 준비가 필요한 것입니다. 이렇게 하여 불심을 깨닫는 방법, 수행하는 갈림길, 수행하는 마음가짐과 몸자세, 수행의 옳고 그름을 잘 알게 됩니다.

이러한 기초 위에 큰 원을 세워 불심을 깨달으라고 나아가는 것이 선에 드는 것입니다. 선에는 이론이 없습니다. 오직 스스로 보고 스스로 체험하고 명백히 깨닫는 것뿐입니다. 말길이 끊어지고 생각하는 길이 끊어진 것이 선이므로 거기에는 교에서 배운 지식은 다 놓아 버려야 합니다.

선지식은 어떻게 모십니까?

선지식은 바른 도리를 가르치며 수행인을 이끌어 주십니다. 무엇이 바른 도리인가 하면, 생사가 없는 근원되는 깨달음을 말합니다. 원래 불법은 생사가 없는 도이므로 그 형상이 어떻든 불도로 인도하는 사람이면 선지식이라고 할 수 있습니다. 선지식은 우리를 밖에서 돕기도 하며 또는 함께 닦기도 하며 혹은 자세한 가르침을 주기도 합니다.

종래 세 가지 선지식이 있다 했는데 법만을 주는 선지식은 상친우上親友, 법과 재물을 함께 주는 것은 중친우中親友, 재물만을 주며 돕는 것을 하친우下親友라 했습니다. 법을 가르치는 선지식이 최상의 도를 가르치는 도사입니다.

예부터 참선 공부하는 사람은 오직 선지식을 찾고자 한 개의 표주박, 한 벌 누더기로 산을 넘고 바다를 건너 신명身命을 아끼지 않았습니다.

경에 말씀하시기를, 말세 중생이 선지식을 만나면 이룰 수 있다 했는데 선지식이야말로 공부인이 의지해야 할 근본처입니다.

그러므로 부처님께서 말씀하시기를, 선지식을 만나면 신명을
바쳐 친근하고 공양하라고 했습니다. 선지식이 보배로운 것은 그
지견智見이 바르고 곧바로 불도로 인도하기 때문이며 능히 공부인
을 깨달음의 길로 이끌기 때문입니다.

참선을 하면 어떤 효용이 있습니까?

참선은 앞서 말한 바와 같이 인간에게 참된 진리를 회복시킨다 했습니다. 그렇다면 참선의 효용은 인간의 진리 본연의 주체성을 확립하고 그 위덕을 여지없이 자각하는 것이라 하겠습니다. 선의 목표가 그러하기는 하지만 그러한 목표를 향해 닦아가는 과정에도 진리에 순응하고 참된 성품이 나타나 우리 일상생활에 많은 공덕이 있게 됩니다.

그 이유는 중생의 번뇌가 차차 소멸되므로 번뇌 때문에 은폐되고 억압되었던 자성 공덕이 차차 드러나기 때문입니다. 이러한 공덕은 점진적으로 나타날 때도 있고 단번에 홀연히 나타날 때도 있습니다.

참선하는 사람은 선을 할 따름이요, 부차적인 효용을 구해서는 안 됩니다. 그러면 수행이 잘못 되는 것입니다. 그러나 좌선을 하는 과정에 나타나는 일상적 변화를 몇 가지 측면에서 나누어 말해 보겠습니다.

⑴ 생활상에 나타나는 효용

좌선을 하면 마음이 안정되고 사무 능률이 향상되며 사고가 없고 대인 관계가 원만해집니다. 두뇌가 맑아지며 새로운 아이디어를 얻습니다. 정신 집중이 잘 되고 추리력, 이해력이 증진되며 문제의 핵심을 잘 잡고 피로 회복이 빠르게 됩니다.

⑵ 건강상에 나타나는 효용

좌선을 하면 관념적인 병이 소멸되고 여러 가지 정신적 · 육체적 만성 질환 등에 현저하게 유효하다고 보고되고 있습니다. 또 정신 상태를 전반적으로 그리고 급속히 안정시킨다는 사실이 뇌파 측정 결과에서 나타나고 있습니다.

⑶ 성격상의 효용

개인 중심의 인간성이 폭넓은 공동적 · 평화적 인간으로 확대되며 이기적 배타성이 개선됩니다. 혼란이나 충격에 동요됨이 없는 부동심과 결단력과 대담성과 강인한 추진력이 함양되고 민첩한 행동력과 인내성을 기릅니다.

⑷ 인간 정신상의 효용

좌선을 하면 불안이 해소되고 안심입명을 얻습니다. 생사를 초월한 자기를 발견하며 활동적 각성의 힘을 얻습니다. 인간 존재의 불안과 허무를 극복하고 진실한 주체성을 확립하게 됩니다.

선은 인간 본성이 가지는 지극히 높은 덕성과 지혜와 능력을 드러내어 최고의 자유를 실현시키며 인간 존엄 내지 중생의 주권적 위치를 열어준다는 등 여러 가지를 말할 수 있습니다. 선은 마침내 온갖 번뇌에서 해탈하며 가장 자유스럽게 생활을 열어가는 힘을 얻는다고도 말합니다.

선이 현대에 주는 교훈은 어떤 것이라 하겠습니까?

몇 가지만 간단히 추려 말하겠습니다. 선은 비본래적인 인간에서 본래적인 인간을 발견합니다. 비본래적이라 함은 우리들의 현상 속의 일상생활을 말하는 것이며 거기에는 물질과 육체와 환경 조건과 감각 등 온갖 요건들이 엉켜 있습니다. 그러나 그것은 뿌리를 추궁해 보면 참된 주체성은 비어 있는 것입니다.

선은 그러한 인간 공허를 비춰 주고 비진리 속에서 헤매고 있는 일상생활을 깨우쳐 본래적인 참 자기를 눈뜨게 합니다. 본래적인 참자기는 이것이 법이고 진리이고 생명이고 우리가 살고 있는 가장 순수한 삶입니다. 그러므로 이러한 진실한 삶을 열어주는 선은,

첫째로, 인간이 물질의 종속자가 아닌 것을 알게 하며 유물주의의 허구를 보여 줍니다.

둘째로, 인간은 육체가 아니라 육체는 인간의 그림자임을 보여 줍니다. 여기서 향락주의, 관능주의의 허구를 알게 합니다.

셋째는, 현대의 바탕에 깔려 있는 허무와 불안에서 건져줍니다. 끊임없이 동요하는 물질과 환경 조건 속의 육체 생명은 육체적으로 정신적으로 크게 흔들리고 불안합니다. 그뿐만 아니라 끊임없는 변화 속에서 깊은 허무를 보게 됩니다. 선은 근원적으로 이 불안과 허무를 초극합니다.

넷째는, 인간 존재의 동일성을 자각해 이기적 대립성을 극복하게 합니다. 선의 안목에서는 내가 없고 네가 없는 순일한 동일 생명뿐입니다. 이것을 동일 법성이라고 했습니다. 거기에서는 대립할 상대가 없습니다. 모두가 따뜻하게 한 심장으로 맥박하고 같은 호흡으로 살아가는 것입니다. 여기서 우리는 그릇된 개인주의에서 벗어나 참된 개인주의, 진실한 인간주의를 사는 길을 얻습니다.

한국불교

불교는 우리 민족의 마음을 밝히고
그 평화롭고 정의로우며 독창적인
문화창조 역량을 크게 도야하여
민족사에 찬란한 문명의 아침을 가져왔다.
이 땅의 구석구석에 평화와
강인성의 꿋꿋한 저류를 형성하여
온갖 역경을 이기고 민족과 국토를 지킨다.
불교는 나아가 세계를 한 집으로
중생을 한 몸으로 승화시켜
영원한 평화를 가꾸어가는
최상의 지도원리이다.

불교 전래

●
우리나라에 불교가 들어온 것은 언제입니까?

고구려 소수림왕小獸林王 2년서기 372년 6월에 중국 진왕秦王 부견符堅이 사신과 순도順道 스님을 우리나라에 보내어 불상과 불경을 전한 것이 공식적인 전래입니다. 그러나 양고승전梁高僧傳의 기록으로 미루어 보면 그보다 앞서 고구려에는 이미 불교가 전해져 신앙되었다는 것을 알 수 있습니다.

또 2년 뒤에는 아도阿道 스님이 고구려에 들어오고 다음 해인 소수림왕 5년에 성문사省門寺와 이불란사伊佛蘭寺를 지어 순도, 아도 두 스님을 모셨습니다.

백제에 불교가 들어온 것은 침류왕枕流王 1년서기 384년 9월인데 인도 스님 마라난타摩羅難陀가 진晋에서 들어왔고 다음 해에 한산漢山에 절을 짓고 스님 10인을 득도시켰다고 합니다.

그 이후 고구려에 불법이 크게 흥하고 도성에 여러 절을 지었고 백제에서도 나라에서 불법을 받들어서 복을 구하라고 영을 내리기도 하였습니다.

신라에 불법이 처음 행하게 된 것은 신라 법흥왕法興王 14년서기 527년 법흥왕의 종질이 되는 이차돈異次頓의 순교에서 시작됩니다.

이상은 공식적인 전래 기록에 의한 것이지만 이보다 앞서 불법이 전해 온 것으로 믿어지는 사실이 전해 옵니다.

아도 스님이 선산善山 모례毛禮 장자의 집에 머물면서 교화하였다든가 낙동강 유역인 가락국迦洛國 수로왕首露王에게 신라보다 앞서 인도에서 장유長遊 스님과 그의 동생 허許 씨가 불법을 전해온 일들을 우리나라 불교 전래사의 뚜렷한 사실로서 전해 오고 있습니다.

우리나라에서 불교는 어떤 기여를 했습니까?

불교는 우리 민족에 전해 오면서 우리 민족의 마음을 맑히고 평화롭고 정의로우며 독창적인 문화창조 역량을 크게 도야해 민족사에 찬란한 문명의 아침을 가져왔고 온갖 역경을 이기고 민족과 국토를 지키고 평화와 문화의 민족으로서의 뚜렷한 면목을 이룩해 왔습니다.

그리하여 고구려 · 백제 · 신라를 이은 우리의 민족사에 학문 · 사상 · 예술 · 군사 · 토목 · 사회와 생활 구석구석에 평화와 창조의 꿋꿋한 저류를 형성해 우리의 자랑스러운 전통을 확립했습니다. 그것은 침략을 모르는 평화와 불의에 의연한 정의와 역경에 감연히 이겨 나가는 강인성과 고차원의 정신세계에 근거하는 끊일 줄 모르는 창조성과 불굴의 정진력을 우리 민족사와 민족의 혈통 속에 확립시켰습니다.

이것은 불교가 진실한 진리로서 인간 면목을 삼고 이웃과 겨레와 내지 세계가 동체同體라는 깊은 신앙과 권능적인 창조성을

키우는 지혜이며 힘이기 때문입니다. 이 점은 민족적 자아의 뿌리
를 인식하는 데 중요한 의의가 있는 것입니다.

●

불교는 우리 민족을 발전시킬 지도 원리가 될 수 있습니까?

불교는 근본 진리를 근원으로 하고 그것을 인간 개개인의 주체적 사정에서 파악함으로써 인간의 절대적 가치와 창조성과 존재의 동일성을 밝혀 줍니다. 따라서 이 진리에 의해 사람들은 무지와 야망의 미혹을 깨뜨리고 진리의 주인공으로서의 참된 자기를 확립하며, 국가와 사회는 존엄한 인간을 존중하고 그 능력을 발휘케 하여 덕성을 도야하고 공동체로서의 책임과 권위를 현양케 하여 조화로운 번영을 가꾸게 됩니다.

또 개개 국가의 평화적 존립은 세계와 더불어 상호의존적 동일성 가운데에 있음을 알게 하여 국제적 협력과 우애를 증진하고 나아가 세계 평화를 이루는 근간根幹을 이루게 합니다.

이로써 보건대 불교의 진리는 우리의 민족 정신을 도야하여 전통을 확립했을 뿐만 아니라 민족의 평화 번영과 국제적 우호 증진을 통해 세계를 한 집으로 중생을 한 몸으로 승화시켜 영원한 평화를 가꾸어 가는 민족과 온 인류의 지도 원리가 되는 것입니다.

우리나라 불교가 일본 문화에 끼친 영향은 어떤 것입니까?

우리나라는 이웃 일본에 진리의 가르침과 발달된 문화를 전해주고 그것을 키워 가는 데 결정적 역할을 하였습니다. 다시 말하면 일본의 미망을 깨뜨리고 불법 인연을 심어주며 학문과 온갖 생활상의 지도를 담당하여 일본에 민족적 정신적 문화적 토대를 형성하는 데 큰 기여를 하였습니다.

일본에 불상과 불경을 전한 것은 백제 성왕 30년서기 552년인데 일본은 즉시 절을 이룩하여 부처님을 모셨습니다.

백제 위덕왕 1년서기 554년에는 백제에서 담혜曇慧 스님 등 9인의 스님을 일본에 보냈으며 이미 가 있던 7인의 스님들과 교체하여 교화하게 하였습니다.

백제 위덕왕 24년에는 경론과 율사, 선사, 비구니 및 주조, 건축, 조각 등의 전문가를 일본에 보냈으며 백제 위덕왕 30년에는 백제에서 일본왕의 청으로 백제 고승 일라 스님이 도일하였으며 다음해에는 백제에서 다시 불상과 미륵상을 보냈고 같은 해에 고

구려 혜편慧便 스님은 일본에서 일본 최초의 비구니 3인을 득도시
켰습니다.

그 뒤 백제 고승들의 일본 왕래가 잦았고 건축공, 화공畵工, 와
공瓦工 등 많은 기술자가 연이어 일본에 건너 갔습니다.

또한 백제 무왕 3년서기 602년에는 백제의 관륵 스님이 일본의
천문, 지리, 역서曆書, 방술서方術書 등을 일본에 전해주었으며 고구
려 스님들의 일본 교화도 잦았던 것입니다.

이상에서 한국불교가 일본문화 개벽기에 끼친 영향을 충분히
짐작할 수 있습니다.

한국불교의 종파는 어떤 것입니까?

불교는 본래 나눌 수 없는 것입니다. 그러나 불법을 전하는 사람이 그 시대와 상황을 고려하여 특히 강조한 교법을 중심하여 하나의 종파를 형성하게 되었습니다.

처음 우리나라에 들어온 불교는 종파성을 알 수 없으나 중국에서 발달된 종파성 불교가 점차 우리나라에 전해 들어오면서 신라 말기에는 이른바 교종의 5종[五敎]과 선종의 9종파[九山]가 벌어졌습니다.

그러나 고려에 들면서 통합의 기운이 익어 고려 말엽엔 선종을 중심으로 통합을 보게 되었고 조선시대에 이르러 선교 양종의 종파가 전해 오다가 점차 통합하기에 이르렀습니다.

일제 식민지 치하에 선교 양종이라고 부르다가 마침내 한국불교의 총명으로 조계종이 공칭되었습니다. 오늘날도 역사적 한국불교의 조계종이 있을 뿐입니다. 1962년 정부의 불교 단체 등록에 관한 법률이 공포됨에 따라 그 법에 등록함으로써 독립한 불교 종파가 생기게 되었으나 그것은 근래에 새로이 탄생한 종파들일 뿐 우리나라 불교의 주류는 여전히 조계종입니다.

●

오늘날 우리나라에 있는 신흥 불교 종파는 어떤 것이 있습니까?

불교의 한 종파로서 성립하려면 불교법상 독립한 교리가 성립되어야 하며[敎判], 그러한 교리를 체험한 중심인물인 종조宗祖가 있어야 하며, 종조에 따르는 수행단체인 승가僧家가 있어야 합니다.

그러므로 위 세 가지를 갖추었다면 불교 종파로서 인정될 수 있습니다. 그러나 오늘의 종파는 불교재산관리법에 의하여 불교단체로서 등록만 하면 사실상 종파로 인정되고 있으므로 불교종파는 쉽게 성립될 수 있다고 보여집니다.

이에 따라 1963년 이후 새로이 등록된 불교종파가 속출하고 있는데 우선 약간만 열거하겠습니다.

대한불교 태고종太古宗, 진각종眞覺宗, 법화종法華宗, 불입종佛入宗, 화엄종華嚴宗, 천태종天台宗, 총화종總和宗, 원효종元曉宗, 진언종眞言宗, 정토종淨土宗, 법상종法相宗, 미륵종彌勒宗 등 이밖에 여러 종파가 있으며 그 중에서 원불교圓佛敎는 일제 치하서기 1916년에 불교의 생활화, 대중화를 기약하여 출발한 불교단체입니다.

조계종의 신도단체 조직은 어떻게 되어 있습니까?

조계종은 신도단체 조직의 자유를 인정하고 있으며 다만 협동을 통한 종교적 사회적 공헌을 보다 효율화하고자 신도단체를 등록하여 통솔하고 있습니다.

대체적으로 전국의 각 사찰을 근거로 한 사찰 신도단체와 사찰과 관계 없이 독립한 단위단체로 나눌 수 있습니다.

사찰을 근거로 한 신도단체는 교구신도회를 거쳐 전국신도회(중앙신도회)에 통솔되고 있으며 단위 신도단체는 고유의 조직으로 수행과 교화 활동을 자유롭게 하되 다만 전국신도회 중앙기구의 산하로 통솔되고 있습니다.

후
기

생각할수록 신기롭다.

이 다행스러움, 이 경사스러움에 가슴이 설렌다.

이 몸이 진리 광명의 표현이고 청정무구하기 이를 데 없는 법성 생명일 줄이랴. 스스로 시간에 상관없이 우뚝하고 공간의 변화에 상관없이 자재할 줄이랴. 원래 생멸에 뛰어나고 생멸에 자재하며 온갖 지혜, 온갖 덕성, 온갖 위력으로 자약하다.

하늘도 땅도 세계도 한 마음 기멸하는 데서 출몰하고 온 국토, 온 세계를 한 폭의 화폭 삼아 마음대로 그려내는 주인인 것이다. 실로 이것이 밖에서 얻어진 것이 아니고 닦아서 이룬 것도 아니며 어떤 은혜로우신 성인의 자비하신 선물도 아니다. 원래 진리의 몸이신 부처님의 뜨거운 심장의 고동을 자기 생명으로 사는 우리의 모습이다.

그뿐인가. 이 세계, 이 국토는 또한 어떠한가.

부처님의 뜨거운 자비 위신력과 걸림 없는 자재 위력과 형언할 수 없는 무진장 공덕이 온전하게 가득 실린 이 천지가 아닌가. 하늘도 땅도 온 기세간도 구름도 바람도 또한 바다도 다함없는 원만 공덕 무량한 은혜의 결실이 아닌가.

이 모두가 나의 마음을 여의지 아니하고 나의 한 생각에 함께 응하니 나와 대지와 허공과 우주와 법성 진여가 어떻게 두 물건이랴. 가슴에는 순간순간 대양의 파도처럼 광명의 여울이 물결치고 우주가 한 호흡에서 함께 화합하고 합창한다.

이것이 원래 이런 것이었다.

그런데도 우리는 얼마나 이러한 자신의 원래 소식을 잊고 살았던가. 이 몸은 육체이고 물질의 공급으로 유지되고 환경 조건의 조절로 좌우되는 가냘픈 존재로 알았다. 끊임없이 죄짓고 악심에 불타고 고통으로 몸부림치며 거친 황야를 방황하는 이 삶으로 보았다. 찰나찰나 생멸은 바삐 달음질치고 변화의 물결은 억세게도

밀어닥치는 속에 불안과 공포의 늪을 한없이 헤매는 인간으로 알았다. 많이 얻고 많이 쌓으며 스스로의 둘레를 단단히 조직화하여 파당을 만들고 처처에 대립해 높은 벽을 쌓으며 두터운 갑옷에 의심 많은 눈초리로 자기 둘레를 바라보지 않았던가.

또 이 몸은 번뇌의 뭉치이고 업보의 과실이니 하여 끝없는 고통의 반복을 숙명으로 받아들였다. 육체와 물질과 감각과 그 사이를 묶은 가치관은 끊임없이 밖으로 밖으로 획득의 발걸음에 박차를 가하고 보다 큰, 보다 넓은, 보다 강렬한 소득과 충동으로 자기를 충족시키려 했다.

그러나 그러면 그럴수록 살을 여미어 오던 허무의 찬 바람이여, 검은 공동空洞이여.

기껏 배웠다는 말이 업력으로 산다 하였고, 미혹으로 산다 하였고, 삼독으로 산다 하였고, 죄로 산다 하였고, 용기와 결단과 오기 만만한 힘으로 산다 하였다. 이 어찌 환몽을 좇아 가치를 삼고 그림자를 좇아 소득을 삼으며 메아리를 좇아 법을 삼은 것이 아닌가.

오온이 본래 공하고 공한 것조차 공했으니 이 천지가 무엇인

가. 이 몸이 무엇인가. 번뇌가 실로 없고 미혹이 이름뿐이니 다시 무엇을 버리고 무엇에서 벗어나랴. 업이 공한데 무슨 힘이 있을 것이며 업보신이란 그림자에 무슨 능력이 있단 말인가.

이러니 산이 다하고 물이 다하고 구름이 다한 곳에 만상은 향기롭고 새로운 광명이 빛날 뿐이다. 새로울 것도 없다. 궁겁窮劫을 통해 이 소식이 너울치고 억만 중생, 업보 중생들이 모두가 이 위력의 표현이며 산 춤[活舞]이고 그 위력의 발휘가 아닌가. 실로 오직 본래 이 한 물건의 자유로운 자기 실현이었던 것이다.

이 한 물건, 이를 우리는 부처님이라 한다. 이래서 죄짓고 업보에 우는 중생들이 부처의 나툼이다. 그 본 얼굴, 그 심장을 뛰는 힘, 활동하고 분별하는 온갖 지혜가 바로 부처님의 위력이다. 허공의 광명이 태양에서 오듯이, 인생의 그 모두는 부처님에게서 오고 부처님의 것이고 부처님 위력의 활용이다. 세계도 부처님 그림자요, 부처님 공덕의 모습이며 부처님 위력의 표현이시다. 있는 것은 모두가 부처님이다. 모든 생명이 부처님에게서 유래한다.

물질적인 것, 정신적인 것, 부처님을 여의고 무엇이 있는가. 허공을 우러러보아도 부처님 광명, 대지를 굽어보아도 부처님 은덕,

바다에 너울쳐도 부처님 위력, 호흡하며 생각하고 손발을 움직이는 이 물건이 도무지 부처님이다.

다른 것이란 없다. 오직 그뿐이다. 그는 둘이 아니며 하나도 아니며, 형상도 아니며, 생각도 아니며, 있고 없는 것도 아니며 얻을 것도 잃을 것도 아니며, 취하지도 버리지도 못한다.

우리 인간은 부처님 진리로서 거룩한 생명으로 이렇게 있는 것이다. 그래서 그 지혜, 그 위력을 나타내며 하늘도 되고 땅도 되고 천상사람도 되고 지옥·아귀·축생 등 삼악도 중생도 된다.

미혹해서 쓰든 깨달아서 쓰든 오직 그뿐이다. 딴 물건은 없다. 그런데도 착각으로 자신의 밝은 그림자에 속아 악몽을 꾼다. 고귀한 그 신력을 뜻하지 아니한 방향으로 내어 쓰는 것이다. 그러는 사이에 내어 쓰는 것이 아니라 쓰면서도 굴림을 당하고 부림을 당하는 위치로 착각하고 전락한다. 그래서 태양을 삼킨 우주의 주인공은 가냘픈 미혹의 그림자 속에 빠져들며 악몽 속에서 몸부림치는 것이다.

부처님은 이와 같은 미혹 중생으로 인해 대비의 구름을 일으키시고 그 몸을 나투시어 감로 법문을 보여 주셨다. 꿈을 깨어 제

정신을 차리게 하기 위해서다. 부처님의 가르침은 영겁으로 일체 중생의 미망을 깨뜨리는 불멸의 광명이다. 악몽에 시달리는 중생의 몽환병도 고치는 최상의 영약이다. 석가모니 세존께서 이 세계에 몸을 나투시어 감로 영약을 무수히 남기셨다. 먹여 주시고 먹을 것을 권하시고 먹어야 할 이유를 간곡히 말씀하시고 또한 먹도록 온갖 방편을 베푸셨다.

그러나 오늘날을 돌이켜보건대 부처님께서 남겨 주신 감로 영약을 무진장으로 쌓아둔 채 아우성치는 중생고의 역사는 흘러가고 있지 아니한가! 그리고서 해탈을 구한다고 도리어 속박의 늪으로 뛰어든다. 지중하신 부처님 가르침은 오직 자기 자신을 위해서 만들어진 영약이라는 것을 믿지 않고 있는 것이다. 이러고서는 문명이 발전하고 역사가 흘러간다 해도 인간 미혹의 둥지는 더욱 무겁고 깊어질 뿐이다.

인간 본성인 법성을 믿고 법성에 눈뜨는 노력은 하지 않는 한 인간의 구제도, 역사의 구원도 기대할 수는 없다. 필자는 부처님의 크신 은덕과 감동을 억제하지 못해 은혜를 입은 삶을 열어가야겠다고 생각했다. 근래 십여 년의 나의 먼지 속 방황은 바로 나의 작은 서원의 한 표현이다. 그동안 거리에 나와 많은 형제들과 경장을 넘기고 염불로 합창하며 살아왔다. 그중에 엮어낸 것이 이 자그마한 책자이다. 이것으로 다행히 초심 불자들과 진실을 찾는 젊은 형제들에게 본분 생활의 보탬이 될 수 있다면 나의 소망은 그것으로 다한다.

불기 2525년 9월 19일
서울 대각사에서
광 덕 삼가 적음

생의 의문에서
그 해결까지

1981년 11월 20일 초판 1쇄 발행
2007년 12월 17일 재판 29쇄 발행
2025년 2월 28일 3판 7쇄 발행

지은이 광덕
발행인 박상근(至弘) • 편집인 류지호 • 편집이사 양동민
편집 김재호, 양민호, 김소영, 최호승, 정유리 • 디자인 쿠담디자인
제작 김명환 • 마케팅 김대현, 김대우, 이선호, 류지수 • 관리 윤정안
콘텐츠국 유권준, 김희준
펴낸 곳 불광출판사 (03169) 서울시 종로구 사직로10길 17 인왕빌딩 301호
       대표전화 02) 420-3200 편집부 02) 420-3300 팩시밀리 02) 420-3400
       출판등록 제300-2009-130호(1979. 10. 10.)

ISBN 978-89-7479-029-5 (03220)

값 15,000원

잘못된 책은 구입하신 서점에서 바꾸어 드립니다.
독자의 의견을 기다립니다. www.bulkwang.co.kr
불광출판사는 (주)불광미디어의 단행본 브랜드입니다.